시대의 벽을 넘지 못한 비운의 혁명가
홍경래

일러두기
이 책에 사용된 사진은 저작권자에게 허락을 받아 게재했습니다. 저작권자와 초상권자를 찾지 못한 사진은
연락 주시면 확인되는 대로 허락받겠습니다.

아이세움
i-seum
아이세움 역사 인물 22

홍경래 시대의 벽을 넘지 못한 비운의 혁명가
지은이 안재성 | **그린이** 안소희(본문), 조재석(표지초상)

기획 (주)감꽃미디어 | **책임편집** 최동욱, 강혜영 | **디자인** AGI Society 이인영, 김지연 | **사진진행** 시몽포토에이전시
찍은날 2008년 11월 20일 초판 1쇄 | **펴낸날** 2008년 11월 30일 초판 1쇄
펴낸이 김창식 | **본부장** 김상수 | **개발팀장** 박철주 | **편집** 송미경, 이혜정, 권은경 | **디자인** 정수연
마케팅 황선범, 안형태, 이정균, 온재상, 최병화, 정동원 | **홍보** 황영아, 김정아, 허인진 | **제작, 관리** 이영호, 송정훈, 오경신
펴낸곳 대한교과서 주식회사 | **등록** 1950년 11월 1일 제16-67호 | **주소** 서울 서초구 잠원동 41-10
전화 마케팅 3475-3843, 3844 편집 3475-3947 팩스 541-8249 | **홈페이지 주소** http://www.i-seum.com

ⓒ 안재성, (주)감꽃미디어 2008

ISBN 978-89-378-4483-6 74990
ISBN 978-89-378-4190-3 (세트)

값 9,500원

시대의 벽을 넘지 못한 비운의 혁명가

홍경래

안재성 지음 | 안소희 그림

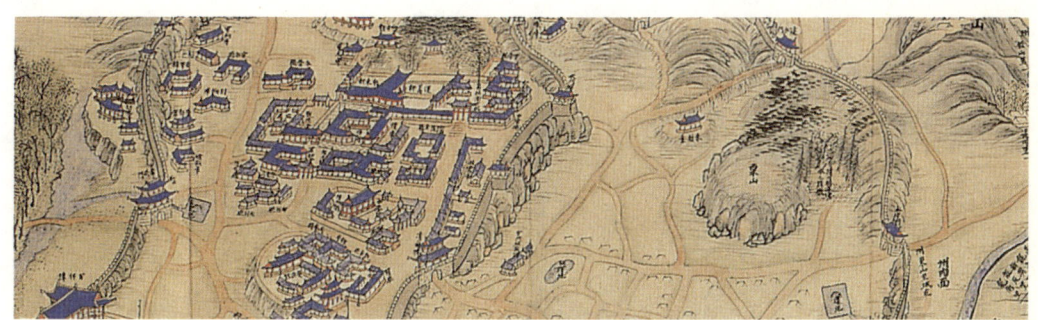

아이세움

차례

1. 횃불을 들어라   7
2. 달집태우기   15
3. 왕후장상의 씨가 따로 있으랴   27
4. 무너져 가는 나라   45
5. 네 선비의 꿈   59
6. 다복동 훈련소   77
7. 일곱 고을을 점령하다   97

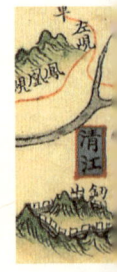

8. 패배한 첫 싸움	115
9. 정주성의 비극	127
10. 죽어도 죽지 않은 홍경래	145
연표	150
용어 설명	154
찾아보기	162

1
횃불을 들어라

    1811년 12월 18일, 강물도 들판도 꽁꽁 얼어붙은 한겨울 저녁이었다. 얼음이 두껍게 언 강변을 따라 험한 산으로 둘러싸인 아늑한 분지에 어둠이 밀려오고 있었다. 잠시 후 추수가 끝난 지 오래인 들판 곳곳에서 거대한 불길이 일렁이기 시작했다. 집채만큼씩 쌓아 놓은 나뭇더미가 타면서 내뿜는 불길이 순식간에 어둠을 밀어 냈다.

    "병사들은 집합하라! 출정이다!"

    장수들의 고함 소리와 말발굽 소리, 창과 칼이 부딪는 소리, 갑옷이 절걱거리는 소리가 요란했다. 두터운 흰 솜옷에 머리에

홍경래가 일으킨 평안도 농민 봉기는 평안도 가산 근처 다복동에서 시작되었다. 지도에 화살표로 표시한 부분이 가산이고, 지도는 정조 때 만든 〈아국총도〉이다.

는 붉은 수건을 동여매고, 조총과 창, 칼을 든 병사들이 모여들기 시작했다. 2천여 명의 병사들이 들판을 가득 메웠다. 병사들의 뒤편에는 말을 탄 기병 200여 명이 긴 창을 들고 두 줄로 늘어섰다. 이글대는 불빛과 창칼 소리에 흥분한 말들은 언 땅을 박차며 흰 입김을 뿜어 댔다.

"날이 어두워진다, 서둘러라!"

썩은 왕조를 향한 백성들의 저항이 드디어 평안도 가산군 다복동에서 시작되었다. 병사들 앞에 놓인 높다란 단상에는 갑옷 입은 봉기군 지휘관들이 앉아 있었고, 그 뒤로는 붉고 푸른 깃발 수십 기가 겨울 바람에 펄럭이고 있었다.

"대원수님! 출정 준비가 다 되었습니다!"

부원수 김사용이 한쪽 무릎을 꿇으며 말했다.

"알았소."

갑옷을 입은 채 단상 위 나무 의자에 꼿꼿하게 앉아 있던 홍경래는 당당한 걸음으로 병사들 앞에 섰다. 나이 마흔, 150센티미터가 안 되는 작은 키에 수염을 기른 짧고 뾰족한 턱, 오른쪽 눈 위에 난 작은 사마귀. 날카롭고 야무진 얼굴이었다.

"대원수 만세! 홍경래 장군 만세!"

병사들은 일제히 조총과 칼을 치켜 올리며 소리쳤다. 홍경래는 엷은 미소를 띤 채 병사들을 천천히 훑어보았다. 얼마나 기다리고 기다리던 순간인가! 부패하고 무능한 조선 왕조를 무너뜨리고 새 나라를 세우고자 차근차근 준비한 지 10년. 홍경래는 함성이 가라앉기를 기다려 큰 소리로 외쳤다.

"평안도 창의군 병사들이여, 준비가 되었는가?"

쩌렁쩌렁한 목소리가 듣는 사람의 가슴을 울렸다. 병사들은 일제히 우렁찬 함성으로 대답했다.

"예!"

홍경래는 흐뭇한 표정으로 병사들을 둘러보고 외쳤다.

"우리는 헐벗고 굶주린 백성들을 구하고자 일어선 정의로운 군대다. 무기를 들었다고 해서 백성들 앞에서 힘을 자랑해서는 안 된다. 내 눈알을 보호하듯이 백성을 보호하고, 백성의 아픔을 모래알이 든 내 눈처럼 아파해야 한다. 우리는 굶을지언정 백성들에게는 흰 쌀밥을 먹이고, 우리는 얼어 죽을지언정 백성들의 등은 따뜻하게 해 주어야 한다. 성스러운 우리의 거사를 더럽히는 자는 이 대원수의 칼이 용서하지 않으리라. 알겠는가! 이제 새 시대가 열릴 것이다. 우리 앞을 가로막을 자는 아무

도 없다!"

 홍경래는 번쩍이는 칼을 쭉 뽑아 들어 밤 하늘을 향해 치켜 올렸다. 병사들의 함성이 다복동을 흔들었다.

 홍경래가 자리에 앉자, 흰 도포에 갓을 쓴 작전 참모 김창시가 일어나 두루마리를 펼쳐 읽기 시작했다. 의로운 군대가 일어섰음을 세상에 널리 알리는 창의문이었다.

 "우리 평안도는 단군 시조와 기자 조선의 땅이었고, 임진왜

란과 병자호란 때 큰 공을 세웠다. 그러나 조정은 우리 평안도를 썩은 땅처럼 버렸다. 심지어 한양의 권세 있는 집안 노비들까지 평안도 사람을 보면 평안도놈이라고 말한다. 어찌 억울하고 원통하지 않겠는가. 또한 오늘날 김조순, 박종경 같은 간신배들은 나이 어린 국왕을 앞세워 나라를 어지럽히고 백성을 굶주림에 빠뜨리고 있다. 이런 때에 다행히도 나라를 구할 위대한 성인이 나타나 10만 병사를 일으켰으니, 여러 고을 수령들은 성문을 활짝 열어 의로운 우리 군대를 맞으라. 만약 어리석게 저항하는 자가 있다면 남김없이 밟아 뭉찌를 것이다. 평서대원수 홍경래."

김창시의 뒤를 이어 홍경래보다 조금 큰 키에 체격이 단단한 총참모장 우군칙이 칼을 뽑아 들며 외쳤다.

"병사들이여, 칼을 뽑아라! 진군의 북을 울려라!"

"와아!"

천둥 같은 함성과 함께 병사들은 일제히 칼을 뽑아 들었다. 창을 든 병사들은 창대로 땅바닥을 쿵쿵 두드렸다. 흥분한 말들은 흰 콧바람을 날리며 갈기를 한껏 세웠다. 곧이어 웅장한 북소리가 차가운 밤 하늘을 두드리기 시작했다. 한마음으로 뿜어내는 열기가 다복동을 가득 채웠다. 말을 탄 장수들은 남과 북, 두 갈래로 나뉘어 출발하는 병사들 사이를 오가며 외쳤다.

"횃불을 밝혀라! 횃불에 불을 붙여라!"

병사들은 저마다 솜이 감긴 긴 횃대를 허리에 차고 있었다. 몇 사람 건너 한 명씩 횃불에 불을 붙여 길을 밝히며 나아가기 시작했다. 어두운 산등성이에 긴 횃불 띠가 이어졌다. 기나긴 대열 가운데 누군가 나직이 노래를 부르기 시작했다.

난이 났네 난이 났네

다복동서 난이 났네.

진을 친다 진을 친다

달래방천 진을 친다

안주산성 진을 친다.

  노래는 앞사람으로, 뒷사람으로 퍼져 나갔다. 살아서 다시 이 언덕을 넘어 돌아올 수 있을지, 죽어서라도 자신들의 뜻을 역사에 남길 수 있을지 아무도 알 수 없었다. 이 노래가 살아 부르는 마지막 노래가 될지도 몰랐다. 산등성이를 넘어가는 봉기군의 나직하고도 흥겨운 노랫소리가 매서운 겨울 밤을 갈랐다. 병사들의 가슴에는 새 세상에 대한 뜨거운 열망이 차올랐다.

  홍경래는 칼자루를 꾹 쥐고 말 위에 꼿꼿이 앉아 병사들을 바라보았다. 헐벗고 굶주리는 백성들을 위해 봉기를 일으키기까지, 그 긴 세월이 주마등처럼 스쳐 갔다.

2
달집태우기

1785년 1월 15일이었다. 크고 붉은 달이 동쪽 산등성이 위로 휘영청 떠올랐다. 정월 대보름달이었다. 눈이 희끗희끗한 들판에 횃불을 든 채 모여 있던 사람들이 일제히 손을 들어올리며 함성을 지르기 시작했다.

"불을 붙여라!"

"달집을 태워라!"

사람들은 너도나도 횃불을 들고 달집에 몰려가 불을 붙였다. 마른 통나무를 엇갈려 높이 세우고 짚과 소나무 가지를 채워 넣은 달집은 하늘 높이 하얀 연기를 뿜어 내며 타 들어갔다. 달은

홍경래는 어려서부터 총명하여 장원 급제감이라는 소리를 들으며 자랐다. 양반의 일생을 그린 〈평생도〉 중 '삼일유가' 장면으로 과거 급제자가 어사화를 꽂고 금의환향하는 모습이다.

하늘로 오르면서 붉은 기운을 털어 내고 희게 빛나기 시작했다.

"달이 희고도 진하구나! 새해에는 풍년이 들겠어!"

징과 꽹과리, 장구를 든 마을 풍물패들이 환하게 타오르는 달집 주위를 맴돌며 신나게 농악을 연주하고, 흥겹게 춤추기 시작했다. 사람들은 합장을 하고 뒤를 따르거나 자신의 횃불을 땅에 꽂아 놓고 두 손 모아 중얼중얼 소원을 빌었다.

해마다 음력 1월 15일 보름날에 벌이는 달맞이 풍습이었다. 지난 해의 액운을 태워 버리고 새해의 행운을 기원하는 마을의

잔치였다.

"망월이야! 망월이야!"

아이들은 그릇에 담아 두었던 숯불을 끈에 매달아 빙빙 돌리다가 하늘 높이 던져 올리며 외쳤다. 노랗고 붉은 불꽃이 사방으로 쏟아져 내리며 밤 하늘을 수놓았다. 횃불을 든 청년들은 이리저리 뛰어다니며 논둑 밭둑에 불을 붙였다. 마른 풀 속에 숨어 있는 해충들을 태워, 새봄 농사를 잘 짓기 위해서였다. 온 들판이 타오르기 시작했다.

> 생원과 진사는 생원 시험과 진사 시험에 합격한 사람을 부르는 말이다.
> 조선 시대의 과거 시험 중 문과에 응시하려면 먼저 생원, 진사 시험에 합격해야만 했다. 생원, 진사 시험은 1차 시험인 초시와 2차 시험인 복시를 치르는데, 초시에 합격하면 김 초시, 이 초시 하고 부르고, 복시까지 합격해 생원시와 진사시에 최종 합격하면 박 생원, 최 진사 하고 불렀다.

그 때 한 소년이 타오르는 들판을 물끄러미 바라보고 있었다. 열다섯 살 또래 아이들에 비해 유별나게 작고 마른 체격에 오른쪽 눈썹 위로 검은 사마귀가 나 있어, 야무진 눈빛이 더욱 도드라져 보였다.

"경래야! 바람이 차갑구나. 어서 집에 들어가자꾸나."

옆에 서 있던 어른이 소년의 어깨를 감싸안으며 말했다. 아버지 홍 진사였다.

"네, 아버지."

홍경래의 대답은 짤막했지만, 홍 진사는 착 가라앉은 아들의 목소리를 듣자 마음이 착잡해졌다. 올바른 관리가 되어 바른 정치를 펴겠다는 꿈을 가진 아들이었다. 서당보다 더 큰 곳에서 과거 공부를 하고 싶다는 아들의 바람을 듣고도 홍 진사는 그럴 처지가 안 된다고 말한 터였다.

네 아들 중 셋째인 홍경래는 어려서부터 공부를 좋아하고 속 깊은 말을 잘했다. 마을 사람들은 용강에서 신동이 났다며, 과

서원은 조선 중기 선현에 대한 제사와 후진 교육을 위해 세운 사립 학교이다. 사진은 도산서원으로 조용하고 단아한 서원의 풍광을 엿볼 수 있다.

거만 치르면 장원 급제하리라는 칭찬을 아끼지 않았다. 하지만 과거 시험을 준비하기 위해서는 서당 공부만으로는 부족했다.

  돈 있는 집 아이들은 지역의 학식 높은 선비들이 운영하는 서원에 들어가 몇 년씩 지내면서 중국 역사와 유교 경전들을 공부하였다. 1년에 쌀 한 가마니와 엽전 한 냥을 내는 서당에도 보내기 어려운 홍 진사로서는 그 비용을 댈 수가 없었다.

홍 진사는 우선 혼자서라도 과거 공부를 열심히 해 보겠다며 애써 웃어 보이던 아들의 모습이 떠올랐다. 홍 진사는 감싸안은 아들의 어깨가 더욱 작고 안쓰럽게 느껴졌다.

그 날 이후 홍경래는 올바르고 정의로운 관리가 되리라 굳게 마음먹고 열심히 공부하기 시작했다. 하지만 공부만큼이나 마을 아이들과 들로 산으로 뛰어다니며 노는 것도 좋아했다.

장난감이나 놀이터가 따로 없던 아이들은 동네 뒷산에서 떼를 지어 전쟁놀이를 벌이곤 했다. 체격은 조그마해도 겁이라곤 없는데다 꾀가 많은 홍경래는 늘 대장을 맡았다.

그러던 어느 날, 아이들과 한바탕 전쟁놀이를 하고 난 홍경래는 집에 돌아와 짤막한 한시를 써서 벽에 붙여 놓았다.

달이 뭇별을 거느려 하늘에 진을 치고,
바람은 나뭇잎을 몰아 가을 산에서 싸우도다.

열다섯 소년의 글이라고는 믿어지지 않을 만큼 큰 꿈이 담긴 시였다. 집에 오는 사람마다 글재주가 좋다고 감탄했다.

아들의 재능을 확신한 홍 진사는 비록 서원에는 못 보내더라도 처남인 유학권에게 보내 공부를 시켜야겠다고 결심했다. 홍경래가 사는 용강에서 30킬로미터 정도 떨어진 곳에 사는 유학권은 뛰어나지는 않으나 학식 있는 선비였다. 홍경래에게는 외삼촌이 되었다. 외삼촌 밑에 들어가 배우라는 말을 들은 홍경래는 뛸 듯이 기뻐했다.

　홍 진사는 깊숙이 허리 굽혀 고마워하는 아들이 대견하면서도 애처로웠다. 평안도 사람들은 임진왜란과 병자호란 같은 전쟁이 날 때마다 앞장서 싸웠다. 그러나 조선 왕조는 평안도 출신들을 거칠고 반항적이라 여겨 높은 벼슬자리에 앉히지 않았다. 홍 진사는 젊은 임금인 정조가 신분을 가리지 않고 능력 있는 인재를 뽑아 쓴다 하고, 셋째 아들 홍경래가 워낙 뛰어나니, 과거에 급제할지도 모른다는 가느다란 희망을 품어 보았다.

> 평안도에 대한 차별은 조선 왕조 건국 초기로 거슬러 올라간다. 태조 이성계는 함흥 출신으로, 이성계를 도와 나라를 세운 공신 중에는 평안도의 맹장이 많았다. 그런데 이상하게도 태조는 나라를 창건하고 나서 "서북 지방 사람은 높은 벼슬에 앉히지 말라."는 명을 내렸다. 무장 출신으로 이제 막 나라를 새로이 세운 터라 평안도인들의 무인 기질을 두려워했기 때문이라는 추측이다. 이후 평안도와 함경도에는 300년 동안 높은 벼슬을 한 사람이 없었다.

변화하는 조선 사회

임진왜란과 병자호란을 겪으면서 조선 사회에 변화의 바람이 불었다. 백성들은 나라를 제대로 지키지 못한 지배층을 믿지 못하게 되었다. 전쟁통에 호적과 땅 문서, 노비 문서가 없어져 신분 질서가 흔들리기 시작했다. 양반 지배층은 백성들의 삶은 아랑곳하지 않고 붕당을 만들어 권력 다툼을 벌였다. 조선 후기 농업과 상업의 비약적인 발전은 조선 사회의 변화를 더욱 부추겼다.

썩어 가는 정치

선조 때 정권을 잡은 사림파는 동인과 서인으로 갈라져 정권 다툼을 벌였다. 동인은 남인과 북인으로, 서인은 노론과 소론으로 다시 갈라졌다. 동인과 서인, 노론과 소론을 '사색당파'라 한다. 영조가 즉위하기 전까지는 이들 네 붕당이 엎치락뒤치락하며 권력 다툼을 벌였다.

영조 때부터는 노론이 완전히 정권을 틀어쥐고 독재 정치를 펼쳤다. 붕당 정치는 어느 한 붕당이 정권을 잡고 권력을 휘두르는 것을 견제하는 긍정

영조가 성균관에 세운 탕평비이다.

적인 측면도 있었다. 하지만 당파의 이익만 좇는 붕당 정치가 오랫동안 이어지면서 나라의 기강이 흐트러지고, 백성들의 생활도 어려워졌다.

영조와 정조는 나라를 바로잡고 붕당에 밀려 약해진 왕권을 다지기 위해 붕당에 관계 없이 인재를 고루 쓰는 탕평책을 폈다. 탕평책 덕에 영조, 정조 시대에는 어느 정도 왕권이 안정되었다. 특히 정조는 나라와 백성을 살리고자 여러 가지 개혁 정책을 펼쳤다. 하지만 노론의 반대와 정조의 의문의 죽음으로 개혁 정책은 실패하였다.

이후 어린 순조가 즉위하면서 외척을 중심으로 세도 정치가 펼쳐졌다. 세도 정치는 몇몇 가문이 정권을 독차지하고 마음대로 나라를 다스리는 정치 형태를 말한다. 갈수록 정치는 문란해졌고, 백성들의 생활은 더욱 궁핍해졌다.

부자는 더 잘살고, 가난뱅이는 더 가난해지고

모내기법, 시비법 같은 새로운 농사법의 발달과 상품 작물의 재배로 농업이 크게 발전하였다. 특히 모내기법은 모판에서 모를 길러 물을 댄 논에 옮겨 심었기 때문에 김매는 횟수가 줄어, 한 사람이 더 많은 농사를 지을 수 있었다. 땅을 가진 농민들은 돈을 벌어 땅을 사들였고, 더 많은 농사를 지어 다시 땅을 사들였다. 또 담배, 인삼, 면화 같은 돈이 되는 상품 작물을

양을 재는 홉(가운데)과 되

길이를 재는 자

물건값을 매기려면 물건의 길이, 부피, 무게, 양 등의 기준을 알아야 한다.

길러 시장에 내다 팔아 재산을 불려 갔다. 땅을 잃은 농민들은 남의 땅을 빌려 농사를 짓는 소작농이 되거나 도시로 나가 장사를 하였다.

부자가 된 농민들이 늘자 상품에 대한 수요가 늘었고, 이 때문에 상품 유통이 활발해져 장사를 해서 돈을 번 상인들이 생겼다. 이들 민간 상인을 사상이라고 하는데, 이들은 점점 부를 쌓아 도고라는 큰 상인이 되었다. 대표적인 사상에는 경강 상인, 개성 상인, 의주 상인, 동래 상인 등이 있었다. 이들 상인들은 조선의 경제를 쥐락펴락하였다.

너도 양반, 나도 양반

조선은 양반, 중인, 상민, 천민으로 신분을 엄격하게 구분하였다. 양반과 중인은 지배층을 이루었고, 상민과 천민은 피지배층을 이루었다. 특히 양반은 온갖 특권을 누리면서 조선 사회를 이끌어 갔다. 하지만 능력이 없으면 양반 신분을 유지할 수 없었다. 보통 4대 위 조상부터 자신 대까지 관직에 나간 자가

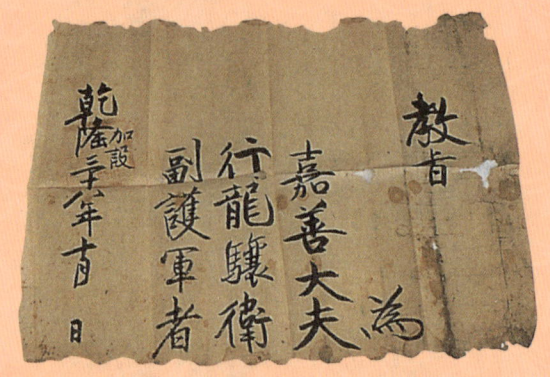

부족한 재정을 메우기 위해 나라에서 발행한 관직 임명장인 공명첩이다. 이름 쓰는 곳을 비워 두었다가 돈과 곡식을 바치면 이름을 써 주었다. 대부분 이름뿐이었고, 실제로 관직을 주지는 않았다.

없거나 재산이 변변치 못하면 양반 대우를 받지 못하였다.

정치권에서 밀려난 양반들은 경제적으로도 몰락하는 경우가 많아 농민만도 못한 생활을 하였다. 한편 돈을 번 농민과 상인들은 적극적으로 신분 상승을 꾀하였다. 이들은 돈으로 양반 신분을 사서 양반 행세를 하였다. 양반이 되는 방

법에는 나라에 돈과 곡식을 바치고 관직 사기, 가난한 양반의 족보를 사서 자신의 이름 올리기, 과거 합격증인 홍패 위조하기 등이 있었다. 신분 질서가 무너지기 시작한 것이다.

새로운 사상, 새로운 문화

조선은 성리학을 나라를 다스리는 기본 사상으로 삼았다. 성리학은 나라의 근본은 백성이고, 임금은 백성이 편안하게 살도록 나라를 다스려야 한다고 가르쳤다. 그러나 붕당 정치가 계속되면서 나라의 기강이 무너지고 사회가 크게 흔들렸다.

이에 현실을 바로잡으려는 새로운 학문 운동이 활발히 일어났는데, 바로 실학이었다. 실학자들은 정치 제도, 토지 제도, 신분 제도, 경제 제도에 대한 다양한 개혁안을 내놓았다.

한편 농업과 상업의 발전으로 생활이 나아진 백성들은 스스로 문화를 찾아 즐기기 시작하였다. 문화를 만들고 즐기는 것은 이제 양반들만이 아니었다. 글을 깨친 서민들은 《춘향전》이나 《심청전》 같은 한글 소설을 읽었고, 자신들의 삶이 담긴 판소리, 탈놀이, 사설시조, 민화 등을 즐겼다. 백성들이 즐긴 문화에는 양반이나 세태에 대한 풍자가 주로 담겨 있었다.

민화의 하나인 《문자도》이다. 대개 떠돌이 화가가 그렸으며, 집을 꾸미는 데 주로 사용하였다.

3
왕후장상의 씨가 따로 있으랴

홍경래가 외삼촌인 유학권 밑에서 배우기 시작한 지도 몇 년이 흘렀다. 홍경래는 이제 스물이 넘은 청년이 되었다.

어느 날이었다. 포졸 한 떼가 들이닥치면서 마을에 큰 소동이 벌어졌다. 장부를 손에 든 포졸들이 두셋씩 짝지어 집집마다 돌아다니며 세금을 걷기 시작하였다. 곳곳에서 말싸움이 벌어졌다. 남자는 군대에 가든지, 1년에 베 한 필씩을 세금으로 내든지 해야 했다. 그런데 포졸들은 실제 사람 숫자와 상관 없이 터무니없이 많은 군포를 내라고 요구했다.

유학권의 아랫집에 사는 젊은 농부도 다섯 필을 내라는 황당

홍경래는 백성의 삶은 아랑곳없이 놀고먹는 무능하고 부패한 관리들에게 실망하고 분노하였다. 김홍도가 그린 〈풍속도〉 중 '취중송사' 장면으로 술 취한 원님이 재판을 하는 모습이다.

한 요구에 따지고 들었다.

"아니, 이 집에 남자 어른이라고는 나 하나뿐인데 한 필만 내면 될 것을 어찌 다섯 필이나 내라는 거요."

"네 아비와 자식이 있지 않느냐."

"우리 아버님 돌아가신 지가 언젠데 세금을 내란 말이오. 또 우리 아들은 아직 걸음마도 못 하는 갓난아이인데 벌써 군대에 보내란 말이오?"

포졸들은 세금 장부를 들이대며 소리쳤다.

"여기 이 장부에 적힌 대로 내라는데 웬 잔말이냐."

"그럼 돌아가신 아버님과 갓난 아들 몫까지 세 필이면 되잖소. 나머지 두 필은 도대체 누구 몫이란 말이오?"

한 포졸이 사람이 살지 않아 무너져 가는 이웃 초가집을 가리켰다. 온갖 가혹한 세금을 견디다 못해 사람들이 떠나 버린 빈집이었다.

"도망친 저놈들의 몫이다. 이웃이 도망치면 대신 물어 내라는 사또의 말씀도 못 들었느냐?"

"아이고, 이런 법이 어디 있단 말이오. 진정 나라님이 이런 몹쓸 법을 내리셨단 말이오?"

포졸들은 눈을 부라리며 육모방망이를 치켜들었다.

"뭐야, 이놈이? 네놈이 지금 주상 전하를 욕한 게 틀림없으렷다. 애들아! 이놈을 당장 꽁꽁 묶어 관아로 끌고 가라!"

일단 관아에 끌려가면 성한 몸으로 나오기 힘들었다. 십자가 모양의 나무틀에 엎드린 채 묶여 커다란 곤장으로 엉덩이가 피투

육모방망이는 역졸, 포졸들이 쓰던 여섯 모가 나 있는 방망이이다.

성이가 되도록 맞아야 했다.

"아이고, 잘못했소. 내라는 대로 낼 테니 살려 주시오!"

젊은 농부는 손이 닳도록 빌고 또 빌었다. 끌려가지 않으려면 별 수 없었다. 젊은 농부는 분을 삼키며 베 다섯 필 값에 해당하는 엽전을 내주었다.

비슷한 일이 집집마다 벌어지면서 마을이 온통 소란해졌다. 어떤 집에서는 포졸들이 밀린 군포 대신 소를 끌고 가려다가 울며불며 매달리는 남자를 걷어차기도 했다. 하지만 아무리 다그치고 협박해도 돈 한 푼 없는 가난한 사람들은 줄줄이 묶여 관아로 끌려갈 수밖에 없었다.

마을 사람들은 포졸들이 가 버린 후에야 느티나무 아래 모여 분통을 터트렸다. 홍경래도 마을 사람들 속에 끼어 오가는 이야기들을 듣느라 귀를 쫑긋 세웠다.

"어질고 현명한 왕이 났다더니 이게 무슨 법도란 말인가!"

"저놈들이 세금을 거둬 나라님에게 바칠 것 같아? 이방이 빼돌리고, 사또가 빼돌리고, 나라에는 남은 찌꺼기나 올리니 임금님이 어찌 여기서 벌어진 일들을 알 수 있겠어. 사또 자리 하나 얻으려고 5만 냥을 냈다지 않던가. 본전을 뽑으려고 저렇게 안달을 하는 거지."

젊은 선비 하나가 의견을 내놓았다.

"우리 모두 이름을 적어 등소를 내는 게 어떻겠소."

등소는 억울한 사정을 적어 관아에 내는 글을 말한다. 그러자 늙은 서당 훈장이 말렸다.

"등소가 무슨 소용인가. 괜히 앞장선 사람만 곤장 맞아 죽기 십상이지. 소용 없는 일일세."

"평안도 관아에 내면 되지 않겠소."

사람들은 더욱 혀를 찼다.

"그놈이 그놈이지! 평안 감사가 되려면 10만 냥을 내야 한다 잖아. 조선 땅에서 제일 수지맞는 벼슬자리가 평안 감사란 말도 못 들었어? 평안도 사람들은 아무리 뜯기고 매를 맞아도 조정에서 거들떠보지도 않아. 그러니 오는 감사마다 백성들을 쥐어짜 떼돈을 벌지."

"어디 평안도뿐인가. 남쪽 어디에선가는 군포를 내지 못한 사내가 남자로 태어나 아이를 낳은 게 죄라며, 자기 생식기를 잘라 버린 일도 있었다네."

관리들의 횡포는 군포를 거둬들이는 데서 그치지 않았다. 농

새로 부임한 평안 감사를 위해 대동강에서 잔치를 벌이고 있는 모습이다. 힘든 농사일에 지친 백성들은 밤에도 불려 나와 횃불을 들고 서 있어야 했다. 김홍도가 그린 〈월야선유도〉이다.

사짓는 땅에서 거두어들이는 세금, 먹을 것이 부족한 봄에 곡식을 빌려 주고 가을에 이자를 쳐서 거둬들이는 환곡에 이르까지 그 부정부패는 이루 말할 수 없을 지경이었다. 아무리 애써 농사를 지어도 세금으로 다 뜯기자, 땅을 버리고 달아나 거지가 되어 떠돌거나 산적이 되는 농민들이 해마다 늘어났다.

한편 돈 많은 부자들은 빚을 갚지 못한 농민의 땅을 헐값에 사

들여 나날이 부유해졌다. 농민들의 불만은 쌓여 갔지만 감히 조정에 대항해 싸울 용기를 가진 사람은 없었다.

"그나마 올해는 풍년이 들어 다행이지, 내년에 가뭄이라도 들면 정말 큰일일세."

"설마 하늘까지 우리를 버리기야 하겠나. 천벌을 받을 놈들은 따로 있는데."

사람들이 계속해서 분을 토해 내자 서당 훈장이 말을 막았다.

"말조심들 하게. 이런 말 한 거 사또 귀에 들어가면 진짜 큰일 나네. 이제 그만들 들어가세."

사람들은 결국 아무 결론도 내리지 못한 채 흩어졌다. 홍경래는 외삼촌 댁으로 돌아오며 곰곰이 생각했다.

'도대체 이 어지러운 나라를 어떻게 바로 세운단 말인가.'

홍경래는 며칠 전부터 공부해 온 중국 역사책을 펼쳤다. 마침 부패한 관리들의 횡포를 견디다 못해 도둑 두목이 된 유방이 새로운 나라를 세우고자 반란을 일으키는 장면이 나왔다. 홍경래는 유방이 반란을 일으키며 한 말을 종이에 써 내려갔다.

어찌 왕과 제후, 장수와 재상의 씨가 따로 있으리오.

인간 사이의 신분 차별은 권력자들이 만든 것일 뿐, 누구나 왕이나 왕비, 장군이 될 수 있다는 뜻이었다.

그 때 외삼촌 유학권이 들어왔다.

"무얼 쓰고 있느냐?"

홍경래의 글을 본 유학권은 얼굴을 찌푸렸다.

"유방의 말이로구나. 다 헛된 소리다. 중국이나 조선이나 많은 나라가 세워졌고, 그 때마다 왕이 된 이들은 새로운 세상을 만들겠다고 큰소리쳤다. 그러나 어느 나라든 처음에는 좋았지만 나중에는 백성을 괴롭히다가 무너졌단다. 모두 자기들이 권력을 잡으려고 공연히 퍼뜨린 헛소리니 귀담아듣지 말거라."

> 유방은 중국 한나라의 제1대 황제이다. 4년에 걸친 항우와의 싸움에서 항우를 크게 이기고 중국을 통일하였다. 유방은 농가에서 태어난 서민이었으나 성격이 대담하고, 치밀하고, 포용력이 있었다. 또 부하를 적재적소에 활용하여 항우를 이기고 중국 역사상 최초로 서민 출신 황제가 되었다. 항우와 유방의 싸움은 《초한지》로 더욱 유명하다.

홍경래는 반짝거리는 눈으로 외삼촌을 바라보며 말했다.

"그건 어느 한 사람이 권력을 쥐고 맘대로 했기 때문이지요. 백성들이 다 함께 들고일어나 나라를 바꾸고, 또 백성들이 스스로 나라를 다스리면 바른 세상이 되지 않겠습니까."

천지가 개벽할 말이었다. 유학권은 놀라 얼굴이 하얘졌다.

"지금 백성을 부추겨 반란을 일으키자는 말이더냐?"

"아니면 수렁에 빠진 백성을 어떻게 구할 수 있겠습니까."

유학권은 떨리는 가슴을 진정시키며 말했다.

"고려 시대에도 그랬고 조선 시대에 들어와서도 여러 차례 반

> 대개 반역 죄인들은 삼족을 멸하였다. 삼족이란 자신의 본가와 외가, 처가의 8촌 이내의 사람을 말한다. 그러나 우리 나라의 경우, 맏아들 정도만 목을 베고 나머지 가족은 노비로 만들었다.

란이 있었다. 노비들이 난을 일으키기도 하고 선비들이 앞장서기도 했다. 그렇지만 싸움 한 번 안 해 본 농민들이 낫이나 괭이를 들고 어떻게 관군을 이긴단 말이냐. 반란에 가담한 사람은 물론, 가족들까지 무참히 죽임을 당하고 말았다. 임금은 하늘이 내리는 것, 헛된 꿈은 꾸지도 말거라."

동양의 봉건 왕조들은 반란을 일으킨 자는 본인뿐 아니라 가족과 친척까지 모조리 죽이고, 집을 불태워 버린 후 그 자리에 연못을 파 버렸다. 중국 역사를 배운 홍경래도 그런 사실을 모르지 않았다. 그러나 지지 않고 대꾸했다.

"아무 준비도 없이 일어나니까 그런 것 아닙니까. 제대로 하려면 무기도 만들고 훈련도 해야지요."

"어른들이 문제가 있다면 네가 어른이 되어서 고치면 될 것 아니냐. 열심히 공부해 훌륭한 관리가 되어 세상을 다스리면 되지 않겠느냐."

"임금님도 못 고치는 세상을 관리 하나가 무슨 수로 고치겠습니까. 나라를 뒤집어엎어야지요. 사람으로 태어나 옳은 일을 위해 목숨을 바친다면 최고의 영광이지요. 제 목숨이 아까워 불의를 보고도 못 본 척하며, 구차하게 살면 무엇 하겠습니까?"

"이 녀석이 정말 못 하는 말이 없구나! 네 말을 듣고 있으니 가슴이 떨려 견딜 수가 없다."

유학권은 두려움에 사로잡혀 방을 나가 버렸다. 하지만 홍경래의 반항심은 가라앉지 않았다.

며칠이 지난 후, 한시를 짓는 시간이었다. 유학권은 중국의 사마천이 쓴 《사기》에 나오는 한 구절을 따서 종이에 써 내려갔다. 이 구절을 보고 마음대로 글을 지어 보라는 뜻이었다.

> 바람은 서늘하고 물은 차가운데,
> 장수는 한 번 가면 돌아오지 않으리.

연나라의 자객이 진나라 황제를 암살하려고 떠나면서 남긴

《사기》는 사마천이 지은 역사서로 중국 옛 신화 시대부터 한나라의 무제 때까지를 다루고 있다. 왕들의 연대기인 본기, 제왕과 제후들의 흥망을 정리한 표, 역대 정책과 제도 등의 발달사를 다룬 서, 역사적으로 중요한 제후들을 다룬 세가, 왕과 제후 외에 영웅이나 학자 등 역사적으로 중요한 인물들을 다룬 열전으로 이루어져 있다.

시였다. 홍경래는 잠시 생각한 뒤 시원시원하게 시를 써냈다.

가을 바람 같은 장수의 주먹으로,
환한 대낮에 왕의 머리를 노린다.

유학권은 또다시 깜짝 놀라 얼굴이 하얘졌다. 조카에게 기대한 대답은 자신의 왕을 위해 목숨을 바친 자객을 칭찬하는 글이었다. 그런데 환한 대낮에 왕의 머리를 노린다니, 왕에 대해서는 농담도 할 수 없는 엄격한 왕조 시대에 입 밖으로 내어서는 안 될 말이었다. 왕을 노린다는 글이 알려지면 살아남기 힘들었다. 유학권은 부들부들 떨며 물었다.

"뭐, 왕의 머리를 노린다고? 이 무슨 해괴망측한 글이냐."

"왜 아니 된다는 말씀입니까. 잘못을 저질렀는데도 왕이라 하여 용서한다는 게 말이 됩니까? 백성을 위하지 않는 왕은 죽여도 되는 것 아닌지요."

유학권은 시가 적힌 화선지를 와락 구겨 들고 벌떡 일어났다.

"보자보자하니까 이놈이 못 하는 말이 없구나! 어린 녀석이 벌써 반역의 꿈을 품다니, 이대로 내버려 두었다가는 온 집안을 망치고도 남겠다! 더는 너를 가르칠 수 없으니 당장 집으로 돌아가거라!"

유학권의 노여움은 대단했다. 그러나 홍경래는 꿈쩍도 하지 않았다. 잘못을 빌기는커녕 담담한 표정만 짓고 있었다.

다음 날, 유학권은 매형인 홍 진사에게 홍경래를 이대로 놔두면 큰일을 저지를 테니 조심하라는 편지와 함께 홍경래를 돌려보냈다. 홍경래는 짐을 싸들고 용강 집으로 돌아올 수밖에 없었다. 유학권이 내쳤기 때문만은 아니었다. 홍경래 또한 더는 외삼촌에게 배울 필요가 없다고 생각했다.

홍경래가 가져온 편지를 읽어 본 홍 진사는 길게 한숨을 내쉰 후, 무릎을 꿇고 앉은 아들에게 말했다.

"지금 너 같은 마음을 가진 선비가 어디 한둘이겠느냐. 가난한 백성을 생각하는 네 마음은 갸륵하다만 세상은 어느 한 사람이 마음대로 바꿀 수 없는 법, 더 열심히 공부해서 과거에 급제해 네 뜻을 펼쳐야 하느니라. 알았느냐?"

"네, 아버님."

홍경래는 자신의 마음을 헤아려 주는 아버지 앞에 고개를 숙였다. 홍 진사는 홍경래가 과거 공부를 계속할 수 있도록 하는

홍경래는 당시 풍습대로 아버지가 정해 준 짝과 혼례를 치렀다. 양반의 일생을 그린 〈평생도〉 중 혼례 장면으로 갓 혼례를 치른 젊은 부부가 신부의 집으로 신행을 나서고 있다.

대신, 일찍 결혼을 시키기로 했다. 한 가정을 꾸려 가는 가장이 되면 식구들 생각을 해서라도 세상을 바꾸고 싶다는 꿈을 버리겠거니 생각한 것이다.

홍경래는 아버지의 바람대로 먼 마을 김씨네 딸인 김소사와 결혼했다. 그러나 아내는 아들 하나를 낳고 얼마 되지 않아 병이 들어 죽고 말았다. 홍경래는 어린 아들을 부모님에게 맡긴 채 더 열심히 과거 공부를 해 나갔다.

열심히 공부한 덕에 홍경래는 평양에서 치른 소과에 무난히 합격했다. 한양에서 3년에 한 번씩 치르는 대과 시험을 볼 수 있는 자격을 얻은 것이다. 조선의 수도인 한양에서 치른다 하여 경시라고도 부르는 이 시험에 붙어야 벼슬길이 열렸다.

드디어 1798년 봄, 홍경래는 반드시 대과에 합격할 수 있으리라는 희망을 품고 한양으로 향했다. 홍경래의 나이 스물여덟 살 때였다.

문란해진 세금 제도

조선 후기 백성들을 가장 괴롭힌 것은 문란해진 세금 제도였다. 특히 삼정이라 불리는 전정, 군정, 환곡의 폐해가 극심하였다. 1년 내내 뼈빠지게 농사지어 봤자 이것저것 내고 나면 먹고살 양식조차 남지 않았다. 게다가 농업과 상공업의 발전으로 부자 농민과 부자 상인이 크게 늘었다. 이들은 돈으로 양반 신분을 샀고, 이들이 내야 할 세금까지 백성들이 떠안아야 했다. 양반은 군역을 면제받았기에 양반이 늘어날수록 백성들의 세금 부담은 커졌다.

전정

농사짓는 땅에 매기는 세금이다. 땅을 가진 자는 누구나 나라에 세금을 바쳐야 한다. 그런데 법으로 정한 기본 세금 외에 여러 가지 이름을 붙인 부가세를 더 거두었다. 감사의 생활비, 수령의 출장비, 양반의 족보 발간비, 수령의 어미가 타는 가마 수리비, 고을 수령 부임 환영비 등 44가지나 되었다. 기본 세금이 토지 1결당 대략 20말 정도인데, 갖은 이름을 붙여 뜯어 간 부가세가 기본 세금의 2배가 넘었다.

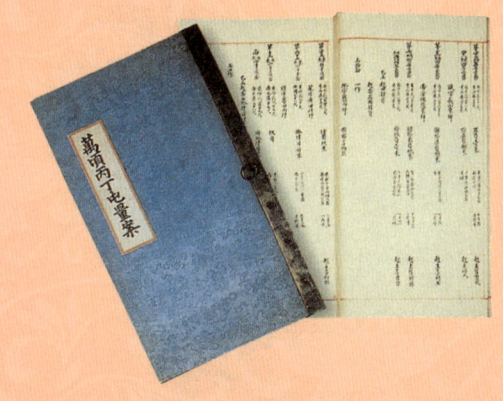

토지 대장인 양안이다. 세금을 매기기 위해서 농사짓는 땅을 조사하여 만들었다. 토지 소유자, 주소지, 토지 등급, 토지의 형태 등을 기록하였다.

군정

국방에 대한 의무이다. 남자는 16세에서 60세까지 군역의 의무를 졌다. 조선 후기에는 대부분 군대에 가는 대신 나라에 베를 바쳤다. 이것을 군포라 한다. 돈 많은 농민과 상인들이 양반의 신분을 사서 신분제가 무너지면서, 군역을 면제받는 양반이 늘어 군포 수입이 줄어들었다. 이에 각 지방마다 일정하게 양을 정해 거두어들였다. 결국 가난한 백성들이 군포를 모두 떠안아야 했다. 계집아이를 사내아이로 바꿔치고, 뱃속에 든 아이와 죽은 사람에게까지 군포를 물리기도 하였다.

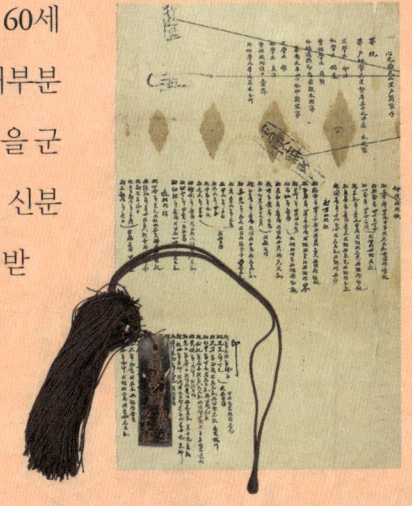

위의 호구단자는 호주가 가족 구성원의 이름, 성별, 나이, 직업, 관직 등을 기록하여 관청에 제출한 문서이다. 아래의 호패는 16세 이상의 남자가 의무적으로 차고 다니던 신분증이다.

환곡

원래는 봄에 곡식이 떨어졌을 때 관청이 백성에게 곡식을 빌려 주고 가을에 이자를 붙여 거두어들이는 구휼 제도이다. 그런데 환곡에도 부정 행위가 판을 쳤다. 억지로 환곡을 떠안겨 높은 이자를 받아 내기도 하고, 곡식을 내줄 때는 규격보다 작은 되를 쓰고 거두어들일 때는 규격보다 큰 되를 사용하는 속임수를 쓰기도 하였다. 게다가 곡식에 짚이나 모래 섞기, 저울 속이기, 강제로 빌려준 뒤 높은 이자 물리기, 거짓으로 장부에 적어 놓고 이자 받아 내기 등 온갖 교묘한 방법으로 백성들을 쥐어짰다. 물론 여기서 나오는 이자는 모두 수령이나 구실아치들 주머니 속으로 들어갔다.

4
무너져 가는 나라

　과거 시험을 치르는 성균관 일대는 온통 흰 옷을 입고 검은 갓을 쓴 선비들로 장터처럼 붐볐다. 이른 새벽부터 수천 명이 넘는 선비들이 종로에서부터 밀려오기 시작해, 성균관이 자리잡은 명륜동 일대 골목까지 바글거렸다. 시험장 문이 열리기를 기다리는 선비들이었다.

　열댓 살밖에 안 된 소년부터 마흔이 다 되어 가는 늙수그레한 중년까지, 탐스럽게 번쩍이는 호박 단추가 달린 비단옷을 입은 부잣집 아들부터 테두리가 너덜거리는 갓에 여기저기 기운 무명 옷을 입은 가난한 선비까지 그야말로 각양각색이었다.

홍경래가 과거를 보던 당시에는 권력 다툼으로 정치가 매우 어지러웠다. 과거를 통해 실력 있는 관리를 뽑는 과거 제도 또한 부정과 비리가 판을 쳤다. 양반의 일생을 그린 〈평생도〉 중 소과 응시 장면으로, 선비들이 자유 분방하게 시험을 보고 있다.

성균관 안에 있는 명륜당 앞 넓은 뜰에서 과거 시험을 치렀다. 성균관은 국립 교육 기관으로 오늘날의 국립 대학과 같고, 명륜당은 학문을 강의하는 곳이다. 현재 성균관대학교에 있는 명륜당의 모습이다.

부잣집 선비들은 체격 좋은 몸종들에게 빙 둘러싸여 늠름하게 서 있었고, 가난한 선비들은 자기들끼리 어깨를 밀치며 한 발이라도 먼저 시험장에 들어가려고 눈치를 살폈다.

"실력이 있으면 뭐 하겠소. 운이 좋아야지."

홍경래 곁에 서 있던 젊은 선비가 불쑥 말을 꺼냈다. 옷차림새가 허름했다.

"운이라니, 무슨 말씀입니까?"

"생각해 보시오. 이렇게 수천 명이 시험을 치르는데 내일이면 합격자를 발표하지 않소. 감독관들이 무슨 수로 수천 명의 글을 읽겠소? 앞서 낸 사람들 것만 제대로 읽고 나머지는 대충 글자 수만 헤아리고 만다 하더이다."

홍경래는 믿을 수가 없었다.

"아니, 그런 법이 어디 있습니까? 3년에 한 번 치르는 이 시험을 위해 얼마나 열심히 실력을 닦았는데요."

홍경래의 말을 들은 또다른 선비 하나가 웃음을 터뜨렸다. 삼십대로 보이는 선비는 값싼 무명옷마저 여기저기 꿰매 입고 있었다.

"하하하! 올해 처음 시험 보러 온 젊은이구려! 이 나라 과거에 실력은 뭐고 운은 또 뭐란 말이오."

호탕한 웃음소리에 놀라 주위에 서 있던 젊은 선비들이 귀를 기울였다.

"그건 또 무슨 말입니까?"

홍경래의 물음에 그 선비는 다른 사람들도 새겨들으라는 듯 큰 소리로 말했다.

"시험에 붙는 길은 하나뿐이오. 권력 있고 돈 많은 집 아들로 태어나는 길 말이오."

"그게 무슨 말씀이오. 시험관에게 뇌물이라도 준단 말이오?"

> 조선 후기에 와서는 과거제가 문란해져 부정과 비리가 심하였다. 과거 시험장에 몸종을 여럿 데리고 들어가 좋은 자리 차지하기, 책이나 모범 답안 등을 가지고 들어가기, 남의 글을 사거나 대리 시험을 치게 하기, 시관과 짜고 특정인의 시험지를 알아보게 하거나 시험 문제를 미리 빼내기, 서리에게 돈을 주고 시험지의 내용을 고치기 등 온갖 부정과 비리가 판을 쳤다.

다른 사람이 묻자 중년의 선비는 또다시 호탕하게 웃으며 말을 이었다.

"그거야 알 수 없지요. 관리들이 돈을 받고 시 제목을 미리 알려 주는지, 아버지 이름과 직책만 보고 뽑아 주는지 내 알 게 뭐요. 또 뇌물이 아니더라도 부잣집 양반들은 실력 좋은 선비들의 글을 사서 합격할 수도 있고, 건장한 몸종을 앞세워 시험장 맨 앞자리를 차지하고 답안지도 맨 먼저 낼 수 있으니 합격할 수밖에 없잖소. 당신네 같은 가난뱅이 선비들은 아무리 실력이 있고 운이 있어도 소용 없다는 말이오."

"앞으로는 시험지를 미리 내지 못하게 하고 나중에 한꺼번에 거둔다는 말도 있던데요?"

누군가의 말에 선비는 다시 웃음을 터뜨렸다.

"그것 참 좋은 생각이구려. 그리 하면 시간이 많으니 실력 좋은 선비는 여러 사람에게 글을 더 팔아먹을 수 있겠구려."

듣다 보니 화가 난 사람들이 선비에게 따지고 들었다.

"아니, 그러면 댁은 왜 시험을 보러 온 거요? 보아하니 시골에서 올라온 가난한 선비 같은데."

선비는 빙그레 웃더니 문득 목소리를 낮추었다.

"맞소. 나는 벌써 아홉 번째 떨어진 사람이오. 근 30년을 과거 공부 한다고 허송세월 보냈지요. 하지만 내 글은 두 번이나 합격했다오. 비록 장원 급제는 못 했지만 내 글을 사서 낸 부잣집 아들 둘이 과거에 붙었지요. 여러분도 자신이 없거든 내 글을 사서 내 보시오."

사람들의 얼굴이 일그러졌다.

"예끼, 사람을 뭘로 보는 거요? 우리가 장사꾼도 아니고."

선비들은 실망을 하며 고개를 돌려 버렸다. 그러나 홍경래는 늙은 선비에게 관심이 갔다.

"지금 하신 말씀이 정말입니까?"

"왜, 내 글을 사고 싶소?"

"아니, 아닙니다. 집에 돌아갈 여비도 없는 처지인걸요."

"집이 어디요? 말투를 보니 서북 사람인 듯한데."

선비는 궁금한 듯 물었다.

"네, 맞습니다. 평안도 용강에서 왔습니다."

선비는 참으로 안됐다는 듯 한숨을 내쉬었다.

"안된 말이지만 젊은이가 공연히 헛걸음한 것 같소. 조선 왕조가 예로부터 서북 사람들을 차별해 온 건 잘 알 것 아니오. 나도 평안도 출신들이 높은 관직에 오르는 걸 보지 못했소. 어쩌다가 시험에 붙더라도 벼슬할 생각은 말아야 할 거요. 한양의 양반집에서는 종놈들도 평안도 사람을 우습게 보아 평안도놈들이라 부른다는 소리도 못 들었소? 평안도에는 광산도 많고 상업도 발달했다는데, 젊은이도 일찌감치 과거 때려치우고 그런 일을 해 보는 게 좋을 듯싶소."

그 때 둥둥 북 소리와 함께 성균관 문이 활짝 열렸다. 선비들은 앞다투어 좁은 문을 향해 내달리기 시작했다. 한 발이라도 먼저 들어가려고 서로 밀치고 옷을 잡아 끌어당기는 바람에 성균관 앞은 순식간에 싸움판이 되어 버렸다.

"밀지 마시오!"

"아악! 양반 살려!"

몇 사람이 넘어져 다른 이들에게 짓밟혀 비명을 질러 댔지만, 아무도 신경 쓰지 않았다. 다들 서로 먼저 들어가려고 팔꿈치로 옆 사람을 치고 발로 짓밟아 댔다. 그 아수라장 속에서도 누구보다 용감무쌍한 이들은 부잣집 선비들을 호위하는 하인들이었다.

"비키시오! 저리 비키시오!"

건장한 하인들은 자신의 주인을 에워싸고 사람들을 밀치며 앞으로 몰려갔다. 이리저리 떠밀린 주위 선비들은 갓이 벗겨지고 옷이 찢긴 채 넘어져 소리를 질러 댔다.

결국 시험장 맨 앞쪽은 하인을 거느린 부잣집 아들들이 대부분 차지했다. 나이 든 선비의 말대로, 가난뱅이 선비들은 빼곡히 들어찬 사람들을 비집고 들어가 겨우 앉을 수 있었다. 남달리 조그만 체구에 혼자 몸으로 올라온 홍경래도 겨우 뒷줄에 한 자리를 차지하였다.

새하얀 화선지를 나눠 준 뒤, 시관이 둘둘 말린 족자를 펼쳤다. 시험 문제가 적혀 있었다. 선비들은 일제히 답안을 써 내려갔다. 그런데 얼마 지나지 않아 답안지를 내려고 달려나가는 선비들이 있

위의 흑립은 양반 성인 남자가 외출할 때 쓰는 갓이고, 아래 태사혜는 비단과 가죽으로 만든 목이 없는 신이다.

었다. 미리 시험 문제를 알고 답을 적어 두지 않은 이상 있을 수 없는 일이었다. 잠시 뒤 여기저기서 사람들이 일어나 앞으로 달려나가면서, 또다시 몸싸움이 벌어졌다.

"선비의 체통을 지키시오! 순서대로 내시오!"

감독관들이 소리쳤으나 소용 없었다. 선비들은 또다시 옆 사람의 다리를 마구 치고 어깨를 들이밀며 서로 먼저 시험지를 내려고 아우성을 쳤다.

홍경래는 어처구니없는 표정으로 그 모습을 바라보았다. 말로만 들은 과거장의 모습을 눈앞에 마주하고 보니 온몸의 기운이 다 빠졌다. 과거에 합격해 올바른 관리가 되고자 했던 자신의 꿈이 물거품이 되어 사라지는 듯했다. 하지만 홍경래는 금세 마음을 고쳐먹고, 다른 사람들이 난리법석을 떨거나 말거나, 느긋하게 답안지를 내고 성균관을 나왔다.

다음 날 성적 발표장에는 정조 임금을 비롯해 나라의 높은 관리들이 모두 나와 앉아 있었다. 왕에게 충성을 바치겠다는 예식이 끝난 후 1등인 장원 급제자와 수십 명의 합격자를 발표했다.

홍경래는 눈을 씻고 자신의 이름을 찾아보았지만, 수십 명이나 되는 합격자 중 자신의 이름은 보이지 않았다. 혹시나 하고 몇 번이나 다시 찾았지만, 헛수고였다. 홍경래는 정조 임금이 합격자들에게 상을 내리는 모습을 멍하니 바라보아야만 했다. 어려서부터 장원 급제감이라고 수도 없이 칭찬을 들어 왔으나, 수십 명 안에도 들지 못하였다. 홍경래는 부끄럽고 실망스러워 정신이 몽롱해졌다. 다른 사람들의 말소리가 꿈처럼 아득히 들려왔다.

"그럴 줄 알았어. 하나같이 권력 있고 돈 많은 집 자제들만 합격했잖아."

"훌륭한 임금이라고 칭찬이 자자하더구만, 이번 임금도 별수 없네그려."

"임금이 아니라 황제라도 돈과 권력을 움켜쥔 자들을 어찌 이길 수 있겠소. 세상이 망해 가는 거지요."

행여나 했는데 역시나였다. 게다가 과거에 합격한 사람들 중에 평안도 사람은 한 사람도 없었다. 평안도 사람은 아무리 재주가 뛰어나도 과거에 합격할 수 없는 게 지금 이 나라 조선의 모습이었다.

성균관을 나온 홍경래는 앞이 막막했다. 너무 허탈한 나머지 온몸에 맥이 탁 풀렸다. 힘있고 권세 있는 자들이 쳐 놓은 현실의 벽은 너무도 높고 튼튼했다. 올곧은 관리가 되어 백성을 보살피겠다는 꿈이 이리 헛되이 무너질 줄은 생각지도 못했다. 조선이라는 나라가 어쩌다 이 지경까지 되었는지 기가 막힐 노릇이었다. 조정의 권신들부터 지방의 맨 끝자리 서리까지 썩지 않은 곳이 없었다. 홍경래의 가슴 속에서 뜨거운 불덩어리가 치밀어올랐다.

조선 시대 과거 시험

과거는 시험을 통해 관료를 뽑는 제도이다. 조선은 양반 관료들이 정치를 이끌어 갔다. 관료가 되려면 반드시 과거 시험에 합격해야 했고, 무반 관료보다는 문반 관료를 우대하여 문과 시험을 더욱 중요하게 여겼다.

과거 응시 자격

법적으로 양인이면 누구나 응시할 수 있었다. 하지만 중죄인과 그 자손, 행실이 그른 여자의 자손, 서얼은 제외되었다. 문과 최종 합격자의 평균 나이가 서른세 살 정도였던 것으로 보아, 과거를 준비하는 데 시간과 돈이 만만치 않게 들었음을 알 수 있다. 웬만한 양반 아니면 과거를 치를 형편이 못 되었던 것이다.

과거의 종류

과거는 문과, 무과, 잡과로 나뉘었다. 문과는 문반 관료를, 무과는 무반 관료를, 잡과는 기술직 관료를 뽑는 시험이다.

문과는 양인이면 누구나 볼 수 있으나 대부분 양반 자제들이 응시하여 합격하였다. 무과는 향리나 양인들이, 잡과는 기술직에 종사하는 중인들이 주로 응시했다.

과거에 급제해 관리가 되면 사모를 쓰고 관복을 입는다. 위의 사모는 문무 관리가 관복을 입을 때 쓰는 모자이고, 아래의 각대는 관복을 입을 때 허리에 두르는 띠이다.

과거 시험 시기와 단계

과거는 3년에 한 번씩 치르는 것이 원칙이나 나라에 경사가 있을 때 치르기도 하였다. 문과와 무과는 예비 시험인 소과와 본시험인 대과가 있다. 각각 1차 시험인 초시와 2차 시험인 복시가 있다. 문과의 소과는 시험 과목에 따라 생원시와 진사시로 나뉘며 1, 2차 시험을 모두 통과한 사람만 대과를 볼 수 있었다.

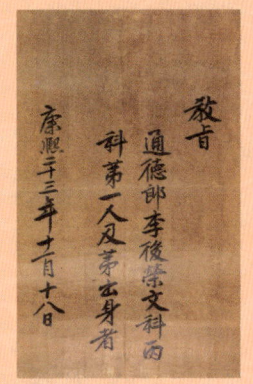

왼쪽은 과거 합격증인 홍패이다. 붉은색 종이에 합격자의 이름, 성적, 등급 따위를 썼다. 오른쪽은 대나무 가지에 짧은 글귀를 적어 외울 때 사용한 죽책이다.

대과는 세 차례 치르는데, 1차는 초시, 2차는 복시, 3차는 전시를 치렀다. 1, 2차 모두 경학, 문장, 책문 과목을 통과하여야 했다. 2차 시험까지 최종 33명을 뽑았다. 3차 시험은 33명을 놓고 등수를 가리는 시험이다. 잡과는 3차 시험 없이 소과와 대과만 치르고 46명을 뽑았다.

과거 교육 기관

교육 기관을 세운 목적은 문반 관료를 기르는 데 있었다. 주요 과목은 유교 경전과 문장이었다. 교육 기관으로는 서당, 5부 학당과 향교, 서원, 성균관이 있었다. 서당은 오늘날의 초등 학교와 같다. 5부 학당과 향교는 오늘날의 중등 학교와 같고, 나라에서 세웠다. 5부 학당은 서울에, 향교는 지방에 두었다. 서원은 조선 중기에 세운 사립 교육 기관으로 오늘날의 국립 대학교에 해당하였다. 성균관은 생원시와 진사시에 합격한 자, 5부 학당과 향교를 졸업한 자에게 입학 자격을 주었다.

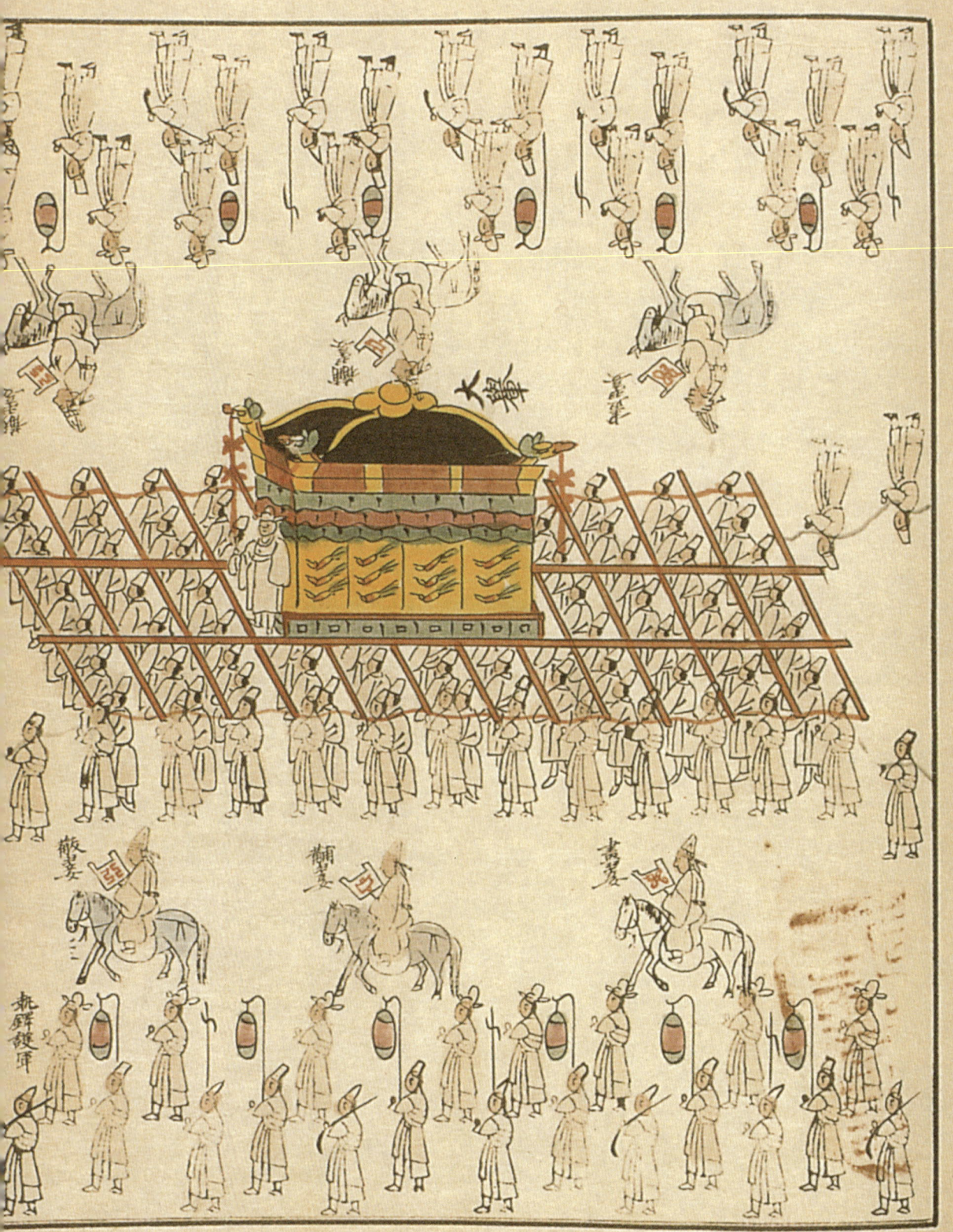

5
네 선비의 꿈

    용강으로 돌아온 홍경래는 서당 훈장이 되어 동네 아이 몇을 가르치며 시간을 보냈다. 가끔 《주역》을 펴 놓고 점을 쳐 주기도 하고, 마을에서 누가 죽으면 무덤 자리를 봐 주는 지관 노릇을 하며 용돈을 벌기도 했다. 사람들은 홍경래를 지사라 불렀는데, 풍수지리를 보는 선비라는 뜻이었다.

    그러나 홍경래는 끼니를 챙겨 먹기도 어려울 만큼 생활이 궁핍하였다. 초라한 나날들이 이어졌지만, 홍경래의 마음 속에 자리잡은 불덩이는 시간이 흐를수록 더욱 뜨거워졌다.

    그렇게 두 해가 지난 1800년 6월 어느 날이었다. 공부를 마친

1800년 기울어 가는 나라를 다시 일으켜 세우려고 여러 개혁 정책을 폈던 정조가 죽었다. 홍경래는 이 때부터 봉기를 일으키기로 마음먹고 치밀하게 준비하기 시작했다. 정조의 장례를 그린 〈정조국장도감의궤〉의 〈반차도〉 중 정조의 상여 부분이다.

아이들이 먹물 젖은 붓을 씻고 책보를 쌀 때였다. 밖에서 홍경래를 찾는 소리가 났다.

"훈장님, 계시오?"

홍경래는 목소리만 듣고도 누군지 단박에 알아차렸다. 반가운 마음에 벌떡 일어나 문을 열었다. 조그마한 키에 대나무살로 만든 누런 평민 갓을 쓴 젊은이 하나와 말 꼬리털로 만든 넓은 양반 갓을 쓴 선비 둘이 환히 웃으며 서 있었다.

"어서들 오시게."

평민 갓을 쓴 이는 인삼 장사를 하는 우군칙이었고, 양반 갓을 쓴 선비 둘은 김창시와 김사용이었다. 셋 다 서른 살인 홍경래보다 아래인 이십대 청년들이었다. 훈장 노릇을 하면서, 점을 보러 찾아오는 사람들 사주팔자나 보아 주며 지루한 나날을 보내던 홍경래였다. 이런 홍경래에게 뜻이 맞는 젊은이들과 사귀는 일은 큰 즐거움을 안겨 주었다. 젊은이들도 지식이 많고 지혜로운 홍경래를 잘 따랐다. 네 사람은 만나기만 하면 밤을 꼬박 세워 세상 돌아가는 이야기를 나누곤 했다.

그런데 이 날 모임은 특별했다. 얼마 전 정조 임금이 죽었다는 소식을 듣고서 모인 것이다. 관아마다 임금의 죽음을 애도하

홍경래의 동지들

우군칙
이름은 우장서, 자는 군칙이다.
노비의 아들이라는 소문이 있다. 홍삼 밀무역, 광산 채굴, 고리 대금업 등으로 돈을 모았다. 스스로 풍수 도사라 일컬으며 남의 묏자리를 잡아 주는 일을 하였다. 홍경래와 더불어 초기에 봉기를 모의하였고 봉기 당시 참모로 활약하였다.

김사용
이름은 김종각, 자는 사용이다.
신분은 향리에 속하나 매우 가난해 재산이라고는 태천에 있는 초가삼간이 전부였다. 친척들조차 거들떠보지도 않아 가난하고 외롭게 살았다고 한다. 봉기 당시 부원수로 활약하였으며, 북진군의 사령관을 맡아 군사를 지휘하였다.

김창시
자는 몽초이다.
유학자 집안 출신으로 소과에 합격하여 진사가 되었다. 노비를 둘 정도로 재산이 있었으나 한양의 권력 가문에 줄을 대려다 가산을 탕진하였다. 봉기군 지휘자들 중에 신분이 가장 높다. 격문을 쓰는 등 봉기군의 이념을 뒷받침하였고, 북진군의 참모를 맡았다.

> 정조가 독살당했다는 소문이 크게 떠돌 정도로 정조의 죽음에는 의심스러운 점이 많았다. 정조는 숙종 때부터 권력을 독차지한 노론의 도움으로 왕위에 올랐다. 노론은 정조를 쥐고 흔들려고 하였다. 정조는 왕권이 바로 서야 나라를 잘 다스릴 수 있다고 생각하여 여러 가지 개혁 정책을 펼쳤다. 규장각을 설치해 당파에 상관 없이 인재를 뽑아 썼고, 자신을 지켜 줄 친위 부대인 장용영을 설치하였다. 또한 수원에 신도시인 화성을 세워 새로운 정치 세력을 키우고자 하였다. 이 모든 것이 노론에게는 커다란 위협으로 다가올 수밖에 없었다. 그리하여 권력을 잃을까 봐 두려워한 노론이 정조를 독살했을지도 모른다는 소문이 크게 나돌았다.

는 향불을 피우고, 관리와 백성들은 임금이 있는 한양을 향해 절을 하며 통곡을 했다.

우군칙이 방에 앉자마자 말했다.

"형님, 들으셨소? 누군가 임금이 드시는 수라상에 몰래 독을 넣었다는 소문이 파다합니다."

김창시도 말했다.

"그러게 말이오. 멀쩡한 분이 왜 갑자기 돌아가셨겠소. 몸에 커다란 종기가 났다는 말은 들었지만, 이제 마흔아홉에 건강하던 분이……. 아무리 생각해 보아도 무슨 일이 있지 않고서야 그리 갑자기 돌아가실 리가 없지요."

김사용도 거들었다.

"철산 관아에서 집사로 일하는 동생한테 듣자 하니, 조정 대신들이 열한 살짜리 왕손을 새 임금으로 앉힌다고 하더이다. 아무것도 모르는 어린애를 앉혀 놓고 자기들 멋대로 나라를 주물럭거리려는 속셈이지요. 허긴 왕까지 죽인 자들이 무슨 짓인들 못 하겠소만……."

눈을 감은 채 묵묵히 듣고 있던 홍경래는 마음 속에 담아 두었던 말을 조용히 꺼냈다.

"그 말이 사실이라면, 이씨 왕조가 망하는 건 이제 돌이킬 수 없게 되었네. 이 모든 것이 《정감록》의 예언대로 흘러가고 있지 않은가. 이제 이 나라를 구할 새 인물을 어떻게 내세울 것인가 하는 문제만 남았네."

좁은 방 안에 숨이 막힐 듯한 긴장감이 흘렀다. 200여 년 전인 1592년에 임진왜란을 겪은 후, 백성들 사이에 《정감록》이라는 책이 은밀히 떠돌았다. 《정감록》에는 언젠가 이씨 왕조가 망하고 정씨 성을 가진 새로운 인물이 나타나 새 나라를 세우리라는 내용이 담겨 있었다.

홍경래는 눈을 반짝이며 말했다.

"《정감록》에 조선 왕조는 나라를 세운 지 400년이 지나면 크게 혼란에 빠진다는 이야기가 있지 않던가. 지금이 바로 그 때일세. 모든 것이 《정감록》대로 되어 가고 있네. 얼마 전에 일식과 지진이 일어난 것이 그 시작이요, 흉년이 들어 백성들이 고

달픈 것도 하늘의 뜻일세."

우군칙은 고개를 갸웃했다.

"중국에서도 위대한 임금들이 다스리던 시절에 큰 가뭄이 여러 번 있었습니다. 일식이나 지진도 흔히 있는 일이고요."

홍경래는 여전히 눈을 반짝이며 말했다.

"우리가 어찌 하늘의 뜻을 다 알 수 있겠는가. 다만 아직 시기가 아니라는 말은 맞는 것 같네. 《정감록》의 예언대로라면 임신년이 되어야 군사 반란이 있을걸세."

다가올 임신년은 1812년이었다.

"임신년이라면 앞으로 12년 후가 아닙니까?"

"그렇지. 나는 그것이 하늘의 뜻이라고 믿네. 그렇지만 실천에 옮기는 사람이 없다면 하늘의 뜻이 무슨 소용이겠나. 하늘의 뜻보다는 인간의 뜻이 더 중요하네."

"그렇다면 지금부터 새 나라를 준비하자는 말입니까?"

우군칙의 나직한 질문에 홍경래는 짧고 강하게 대답했다.

"맞네. 지금부터 준비를 해야지."

평소 모이기만 하면 나라에 대한 불만을 털어놓았으나, 진짜 반역을 준비하자는 홍경래의 말에 젊은이들의 표정은 긴장으로 팽팽해졌다.

"도대체 그럼 어떤 성씨가 새 임금이 되는 걸까요. 정말 《정감록》에 나오는 정씨일까요?"

김창시가 나직하게 물었다.

"성씨가 무슨 상관인가. 역사를 보시게. 온갖 성씨를 가진 이들이 군대를 일으켜 왕이 되었네. 오랑캐라 불리던 몽골 족이 동서양을 통일했고, 여진족이 금나라를 세워 중국을 지배하지 않았던가. 오늘날 중국을 차지한 청나라도 얼마 전까지 오랑캐라 불렸고. 인간 세상에 어찌 왕후장상의 씨가 따로 있겠는가."

말을 마친 홍경래는 빙긋이 웃었다.

"형님 말이 맞습니다. 이씨 조선이 세워질 때부터 오랑캐 취급을 받아 온 우리 평안도 사람들이야말로 새로운 나라를 만드는 데 가장 적합하지 않겠습니까. 평안도 민심은 벌써 이씨 왕조를 떠난 지 오래입니다. 누군가 나서기만 하면 화산처럼 폭발할 것입니다."

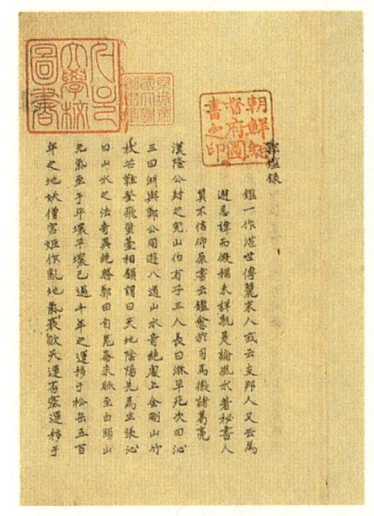

《정감록》은 조선 시대 이래 민간에 널리 퍼져 내려온 우리 나라의 대표적인 예언서이다. 이씨 왕조가 망하고 정씨 왕조가 설 것이라는 등 왕조와 현실을 부정하는 내용을 담고 있다. 나라에서 금서로 정하였으나 은밀히 전해져 내려왔다.

김사용도 힘주어 말했다.

"그럼요. 평안도 백성들은 누군가 나서 주기만을 기다리고 있을 것입니다."

우군칙이 말했다.

김창시는 이해할 수 없다는 표정으로 물었다.

"준비가 되어 있다니, 무슨 말이오?"

우군칙이 대답했다.

"나라에 불만이 많은 사람은 선비들뿐만이 아니오. 우리처럼 장사하는 이들은 훨씬 불만이 많소. 아시다시피 평안도는 조선 팔도 중에서 상인이 제일 많고 광산이다, 대장간이다 해서 공업에 종사하는 이들도 많소. 그런데 이들의 사정은 어떻소? 열심히 일해 돈을 많이 벌어도 천민이라고 멸시받고 있잖소! 관리란 것들은 이리저리 트집을 잡아 돈 뜯어 가기에 바쁘고, 말을 타고 가다가도 양반을 만나면 말에서 내려 머리가 땅에 닿도록 인사를 해야 하오. 조금이라도 눈에 거슬리면 관아에 끌려가 곤장을 맞으니, 다들 이 세상이 어서 뒤집히길 바라며 부글부글 끓고 있소. 이들을 설득하기만 하면 군대를 먹이고 무기 만들 돈을 얼마든지 모을 수 있을 거요."

양반이 종이 끄는 노새를 타고 길을 가고 있고, 상인 부부가 머리가 땅에 닿도록 절을 하고 있다. 거드름피우는 양반의 모습을 섬세하게 그린 김득신의 〈양반과 상인〉이다.

우군칙의 말대로 중국과 국경을 맞대고 있는 평안도에는 무역을 하거나 금이나 철광석을 캐는 광산으로 돈을 모은 이들이 많았다. 하지만 이들은 뿌리 깊은 신분 제도 때문에 천민이라 괄시를 받으며 사람 대접을 못 받고 있었다.

일부 상인들은 큰돈을 주고 양반의 족보를 사서 성과 이름까지 바꾸고 양반 노릇을 했지만 비웃음만 샀다. 조선은 근본적으

꿈틀거리는 평안도

평안도는 조선 후기 국제 무역과 상업이 가장 번성한 곳이었다. 청과의 무역 통로로 상품 유통이 활발하였고, 금과 은이 많이 매장되어 있어서 광산업과 금속 가공업이 발달하였다. 당시 조선에서 부자 상인들이 가장 많은 곳이었다.

또한 오랜 세월 동안 이 지방에 뿌리를 내린 양반들이 없었기에 다른 지역보다 신분 차별이 덜했다. 이런 환경 덕에 교육열이 높아, 책을 끼고 다니는 어린이들을 흔히 볼 수 있었다.

시간이 지나면서 평안도 지역에서 학문과 지식을 갖춘 사람들이 많이 나왔다. 하지만 양반 중심 사회인 조선에서는 출세하기 어려웠다. 이들은 기존 신분 질서에 좌절하며, 장사를 해 많은 자본을 모았다.

하지만 조선은 서북민 차별, 광산 개발 금지, 대외 무역 금지 같은 정책들을 펴서 성장하고 있던 상업 세력을 억눌렀다. 또한 이들에 대한 가혹한 수탈은 평안도에서 봉기가 일어나는 데 한몫하였다.

소금, 모피, 소, 농기구 수출

경원 경원개시
회령
경성
회령개시
길주
인삼, 은, 포목, 자기 수출
책문후시
봉황성
중강개시
의주 만상
함흥
철산
평양 유상
개성 송상
한양
천안
문경
대구
동래 내상
광주
왜관개시
인삼, 서적, 쌀 수출
제주

조선 후기 청나라, 일본 등 외국과의 무역 지도이다.

로 상업과 공업을 천대하는 사회였기 때문이다. 돈 많은 상인들 중에는 이씨 왕조가 뒤집어져, 자신들도 떵떵거리며 살게 되기를 바라는 이들이 많았다.

"정녕 상인들이 나서 줄 수 있단 말인가? 그렇다면 얼마나 좋겠나! 돈 많은 상인들이 뜻을 품는다면 세상을 바꾸기가 한결 쉬워질걸세."

홍경래가 맞장구치자 우군칙은 더욱 신이 나서 말했다.

"제가 뜻이 맞는 부자 상인들을 여럿 알고 있습니다. 이희저, 김혜철, 최봉운, 나대곤, 강수홍 등은 우리와 같은 생각을 하고 있을지도 모릅니다. 그 중에서도 제 고향인 가산의 부자 이희저를 우리 편으로 끌어들이면, 천군만마를 얻은 것과 다름없지요. 이희저는 원래 말을 갈아타는 역에서 일하던 천민인데, 수완이 좋아 장사로 큰돈을 벌었습니다. 하지만 상놈 출신이라 끊임없이 관리들에게 괴롭힘을 당하는 처지이니, 우리의 뜻에 적극 찬성할 것입니다."

"좋은 생각이네. 장차 다가올 임신년을 위해 지금부터 널리 사람을 끌어모으는 게 좋겠네. 자네들 생각은 어떤가?"

김창시와 김사용도 반대하지 않았다. 김사용이 말했다.

"이 나라 정치를 이끌어 온 관료를 뽑는 과거 제도도 저 모양이고, 믿어 온 임금마저 돌아가셨는데 어디에 희망을 걸겠습니까. 김 진사와 저는 선비나 관리들 중 뜻이 맞는 이들을 널리 찾아보겠습니다."

홍경래는 세 사람의 손을 차례로 잡으며 말했다.

"난 언젠가 이런 날이 올 줄 알았네. 썩어빠진 이 나라를 바로잡고, 새 나라 새 세상을 만들기로 뜻을 모으는 날 말일세. 우리는 이제 한 몸이 되었으니, 태어난 날은 달라도 죽는 날은 어김없이 똑같을걸세."

네 사람은 그 자리에서 비밀리에 약속을 맺었다. 누구 한 사람이라도 함부로 입을 놀려 소문을 냈다가는 네 사람 모두 목숨을 잃을 수 있는 죽음의 약속이었다. 그러나 잘못된다 해도 목숨말고는 잃을 게 없는 약속이기도 하였다. 네 사람 모두 가진 것이라곤 뜨거운 마음과 지식뿐이었기 때문이다.

역시나 권력을 쥔 대신들은 열한 살짜리 어린아이인 순조를 임금 자리에 앉혀 놓고 나라를 제멋대로 주무르기 시작했다. 왕의 권위는 땅에 떨어졌고, 순조에게 딸을 시집 보낸 안동 김씨 김조순과 이에 빌붙은 박종경 등 권력가들이 마음대로 나랏

일을 처리하였다. 세도 정치가 시작된 것이다. 세도 정치는 왕의 친인척 가문이 왕의 힘을 빌려 정권을 잡고 마음대로 정치를 펴는 것을 말한다. 그렇지 않아도 먹고 살기 힘든 백성들의 생활은 더욱 어려워졌고, 원망과 분노가 쌓여 갔다.

홍경래는 세 사람과의 약속대로 백성들의 삶을 살피고 동지들을 구하고자 전국을 유랑하기 시작했다.

먼저 한양으로 갔다. 뜻을 같이할 만한 인물을 찾아다니던 끝에 박종일을 만났다. 박종일은 암행어사로 이름을 떨친 박문수의 손자였다. 세도 정치에 엄청난 불만을 품고 있던 박종일은 홍경래와 뜻이 잘 맞을 수밖에 없었다. 홍경래와 형제처럼 친해진 박종일은 자신과 뜻을 같이하는 김재찬을 비롯해 여러 선비들을 소개해 주었다. 선비들은 작은 키에 얼굴은 못 생겼지만, 지식이 뛰어나고 세상을 보는 눈이 정확한 홍경래를 굳게 믿었다.

박종일에게 여비까지 넉넉히 받은 홍경래는 남쪽으로 내려

순조 때부터 철종 때까지는 왕비를 등에 업은 외가 쪽 세력이 권력을 쥐고 흔들었다. 특히 순조의 장인인 안동 김씨 김조순 집안은 순조, 헌종, 철종 3대에 걸쳐 잇달아 왕비를 내면서 약 60여 년 동안 세도 정치를 이어 갔다. 사진은 〈김조순 초상〉이다.

가 경상도 부산에서 전라도 광주까지 발길 닿는 대로 누비고 다녔다. 인삼이며 옷감을 사서 지고 다니며 장사꾼 행세를 하기도 하고, 때로는 일부러 돈 없는 길손 행세를 하며 백성들에게 신세를 지기도 했다. 초상난 집을 찾아가서는 묘지 자리를 봐 주는 지관 행세를 하며 오가는 이야기를 들었다. 또 우물가의 아낙들에게는 사주팔자를 보아 준다며 다가가 이야기를 나누었다. 홍경래는 백성들이 살아가는 모습을 하나라도 더 보고 하나라도 더 들으려고 애썼다.

백성들의 고통은 어디나 비슷했다. 북쪽 지방은 논밭이 적은 대신 무역과 상공업이 발달하여 상인과 노동자들이 많았다. 들이 넓은 남쪽 지방은 대부분 농사를 짓고 살았다. 남쪽일수록 삼정이라 불리는 군정, 환곡, 전정의 피해가 클 수밖에 없었다. 농민들은 나날이 어려워지는 살림에 허리를 졸라매고 있었다.

홍경래는 세상을 보면 볼수록, 사람들을 만나면 만날수록 마음 속에 품은 불덩어리가 뜨겁게 달궈지는 걸 느꼈다. 불덩이는 이제 세상을 향한 분노에 굶주리고 학대받는 백성에 대한 연민까지 보태져 점점 커지고 점점 더 뜨거워졌다.

홍경래는 발길을 돌려 다시 한양을 거쳐 북쪽으로 올라왔다.

유기 그릇은 놋쇠로 만든 그릇으로 양반 집에서 많이 쓰는 고급 식기였다. 조선 후기에는 유기 제품의 인기가 높아져 놋요강이 없는 집이 드물 정도였다. 사진은 유기 제품을 팔고 있는 유기 장수의 모습이다.

평안도에 들어와서는 이희저와 우군칙의 소개로 여러 부자들을 만났다. 우군칙의 말대로 장사를 하거나 유기 공장, 대장간 같은 일로 돈을 버는 이들의 불만은 폭발 직전이었다. 평안도에는 여름에 파리가 앉았던 음식은 수저도 안 대고 버릴 정도로 잘사는 부자들이 많았다. 하지만 이들은 뿌리 깊은 신분 차별 때문에 멸시와 천대를 받았다. 세상을 바꿀 수 있다는 확신만 있으면, 이들은 얼마든지 돈을 대 줄 마음이 있었다. 홍경래는 이희저를 통해 정주의 부자 김약하, 박천군 진두의 상인 김혜철 부자와 동업자인 최봉운 형제, 안주의 상인 나대곤과 가산의 상인 강수홍 등을 만나 친분을 쌓았다.

홍경래는 압록강 앞의 국경 마을 의주까지 올라가 조선 최고의 상인인 임상옥도 만났다. 당시 조선의 수출품은 주로 인삼이었다. 중국과의 인삼 무역은 인삼이 많이 나는 경기도 개성 상인들이 독차지하였는데, 임상옥은 뛰어난 상술과 신용으로 개성 상인들을 제치고 조선 제일의 인삼 무역상이 되었다. 임상옥은 앞에 나서지는 않고 뒤에서 자금을 대기로 했다. 홍경래와 임상옥은 둘 사이에 오고 간 일을 비밀에 붙이기로 약속했다.

새 나라를 세우려면 경험이 풍부한 관리들도 필요했다. 조정 대신들은 다 썩었다지만, 지방의 관리들 중에는 나름대로 백성들을 도우려 애쓰는 사람들도 적지 않았다. 관리를 만나는 일은 주로 김사용과 김창시가 맡았다. 그 중에는 부

의주에 사는 임상옥은 집안이 대대로 중국 무역에 종사하였다. 임상옥은 어릴 때부터 베이징을 드나들며 장사를 익혔고, 조선 상인끼리 치열하게 다투는 것을 몸소 겪었다. 특히 인삼 무역에 대한 주도권을 잡기 위해 개성 상인들과 경쟁을 벌여야 했다. 임상옥은 외척 박종경에게 줄을 대, 10년 동안 중국에 인삼을 판매하는 독점권을 얻었고, 이를 계기로 다른 무역품에 대한 특권까지 얻어 조선 최고의 상인이 되었다.

군수 격인 좌수와 수교, 수사 같은 관리도 여러 명 있었다.

　혁명을 꿈꾼 네 젊은 선비들이 널리 사람을 만나고 뜻을 합치는 사이 몇 해가 흘렀다. 홍경래의 나이도 어느덧 삼십대 중반을 넘어섰다. 세도 정치가 이어지면서 백성의 삶은 나날이 힘들어졌고, 봉기의 기운도 무르익어 갔다.

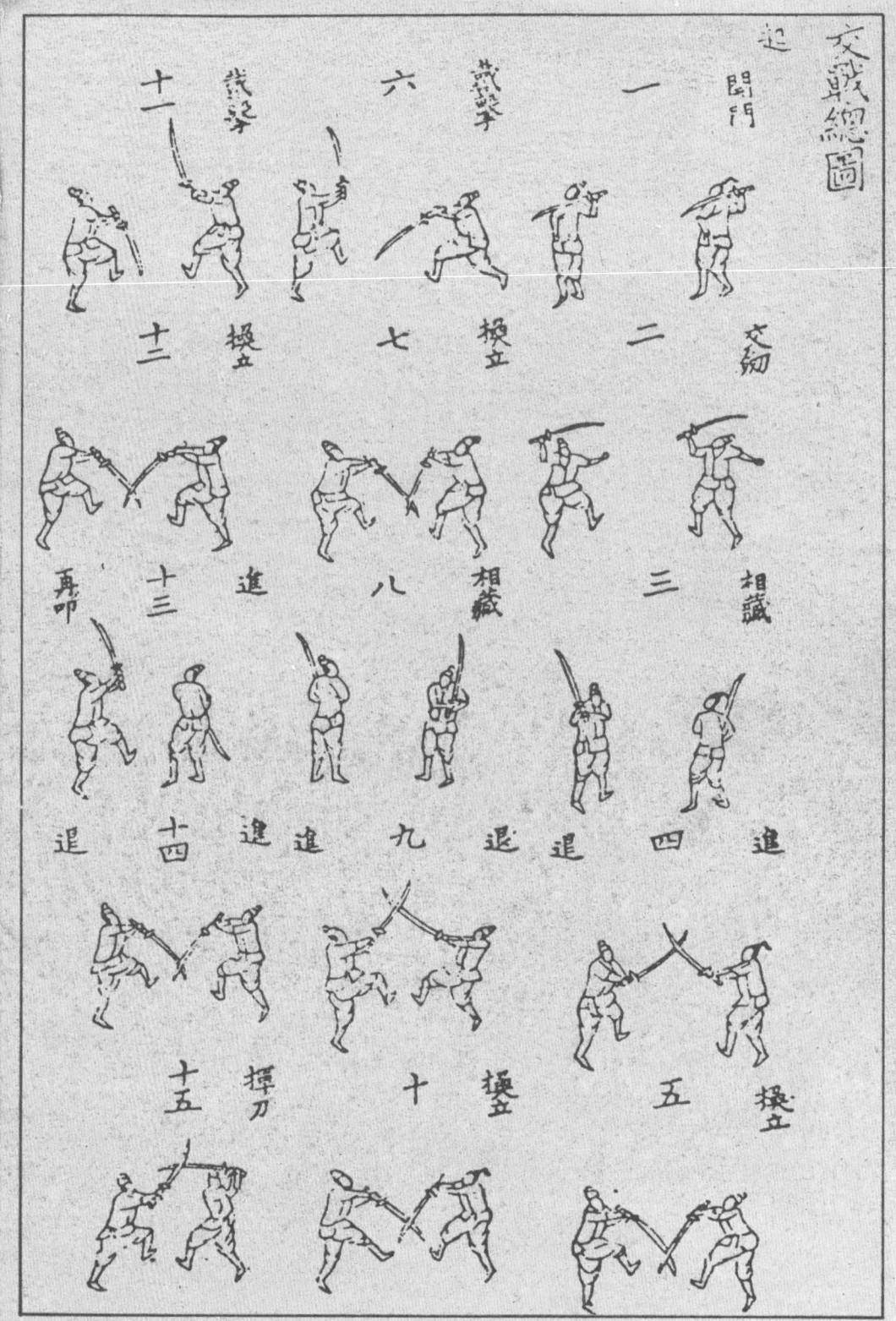

6
다복동 훈련소

    몇 해 동안 떠돌이 생활을 하면서, 홍경래는 뜻을 같이하는 동지들을 꽤 많이 모을 수 있었다. 이제는 실제로 무기를 들고 싸울 수 있는 군사가 필요했다. 무엇보다 하루라도 빨리 군사를 훈련시키고 군대를 지휘할 수 있는 장수들을 모아야 했다. 용강으로 돌아온 홍경래는 이희저의 돈으로 신도에 집을 마련하고, 이 곳에서 장수들을 훈련시키기로 했다.

    신도는 가산에서 멀지 않은 청천강 상류인 대정강 한가운데 있는 작은 섬으로, 반드시 배를 타야만 오갈 수 있는 곳이었다. 버드나무가 울창하게 우거져 밖에서는 안이 들여다보이지 않

홍경래는 신도와 다복동을 근거지로 삼고 사람을 끌어모아 검술, 창술, 활쏘기 등 군사 훈련을 시켰다. 1790년에 펴낸 군사 훈련 교본인 《무예도보통지》중 검술 훈련 장면이다.

앗다. 남의 눈에 띄지 않고 군사 훈련을 하기에 맞춤한 곳이었다. 농사짓는 땅도 조금 있었고, 초가집도 몇 채 있었다. 홍경래는 가족과 함께 사는 농부 행세를 하며 장수들을 하나둘 끌어모으기 시작했다.

맨 먼저 만난 사람은 곽산 땅에서 씨름으로 이름을 날리던 청년 장사 홍봉의였다. 결혼도 못 하고 집도 땅도 없이 떠돌아다니던 홍봉의를 사람들은 홍총각이라 불렀다. 넓고 큰 얼굴은 붉은 색이 감돌았고 어깨가 떡 벌어져 체격이 우람한데다 용맹하기까지 했다. 나라를 구하자는 홍경래의 말에 홍총각은 크게 기뻐하며 따라왔다.

뱃사공을 하던 양시위도 불러들였다. 재산이라고는 쓰러져 가는 초가집과 깨진 솥 두 개, 낡은 장롱 두 짝밖에 없었다. 게다가 가난을 견디지 못해 아내도 떠나 버린 상태였다. 가진 거라고는 초가집 한 채뿐인 가난한 청년 이제초, 서자 출신으로 재산 한 푼 없이 막노동을 하던 김운룡, 씨름 장사로 이름을 날리던 차종대도 들어왔다. 이렇게 끌어모은 평안도 장사들이 스무 명에 이르렀다.

차례로 신도에 들어온 장사들은 매일 아침 동틀 무렵부터 무술을 닦고 말타기 훈련을 했다. 홍경래도 군사 훈련에는 빠지지 않았다. 똑같이 검술을 익히고 말을 타고 달리며 창을 던지거나 활을 쏘았다. 식량과 무기는 이희저가 보내 주었다.

《무예도보통지》에 실린 전투 훈련 중 하나인 마상창술이다.

이렇게 20여 명의 장수들을 훈련하는 사이 다시 몇 해가 흘렀다. 홍경래의 나이는 어느덧 마흔을 바라보았고, 뜻을 품고 준비한 지 10여 년이 다 되어 갔다.

그러던 중 1809년부터 유례 없는 큰 가뭄이 조선 땅을 휩쓸기 시작했다. 특히 가뭄이 심한 남부 지역에서는 헤아릴 수 없이 많은 백성들이 굶어 죽었다. 하지만 세도 정치에 휘둘린 왕조는 굶어 죽는 백성들을 구제할 수 없었다. 부잣집 창고에는 쌀이 썩어 갔고, 거리에는 굶어 죽은 백성들의 시체가 썩어 갔다.

백성들의 불만은 하늘 끝까지 치솟았다. 누군가 불을 붙이기만 하면 금세 폭발할 것 같았다. 봉기를 일으킬 시간이 점점 가까워지고 있었다.

홍경래는 안주와 평양의 상인들을 만나러 우군칙과 함께 신

> 1809년부터 3년 동안 조선에는 100년 만에 처음이라는 대가뭄이 들었다. 《순조 실록》에 따르면 1810년 6월 수원, 광주, 전주, 경주 등에서 굶는 백성이 8백만 명이 넘었다고 한다. 수원은 141,175명, 광주는 45,312명, 전주 등 90읍은 4,764,457명, 경주 등 71읍은 1,729,660명……. 모두 8,391,239명이나 되었다. 이는 그 해 10월 전국의 인구보다 많은 수였다.

도를 나섰다. 가뭄으로 메마른 땅에 뜨거운 여름 바람이 불고 있었다. 이맘때면 짙푸른 벼들이 물결쳐야 할 논들이지만 살아 있는 벼라곤 눈에 띄지 않았다. 바닥도 바짝 말라 거북등처럼 갈라져 있었다. 씨앗을 싹틔우지 못한 밭에서는 바람이 불 때마다 흙먼지가 뿌옇게 피어올랐다.

"100년 만의 가뭄이라더니, 삼천리 금수강산이 황무지가 되어 버렸구나."

홍경래는 걸음을 멈추고 한탄했다.

"그런데 웬 파리가 이렇게 많은지 모르겠소. 마을이 점점 가까워질수록 파리들이 들끓으니 꽤 성가시네요."

우군칙이 손을 흔들어 얼굴과 옷에 달라붙는 파리를 쫓았다. 정말 이상하리만큼 파리들이 많았다. 마을이 가까워지면서 파리들은 점점 늘어났고 시체 썩는 냄새가 진동했다. 눈여겨보니 길에서 조금 떨어진 숲 속에 시신들이 썩고 있었다. 작년에 굶어 죽고 지난 겨울에 얼어 죽은 백성들이 너무 많아 미처 묻지도 못하고 버려둔 것이다.

마을에 들어서자 파리들은 더욱 극성을 부렸다. 국밥이라도 먹으려고 들어간 주막도 마찬가지였다. 홍경래는 주막에 앉아 사람들과 이런저런 얘기를 나누었다. 나라님과 제 잇속 챙기기에 바쁜 세도가들에 대한 원성이 자자했다. 때마침 홍경래의 눈에 떠돌이 농민 가족이 주막 입구에서 음식 냄새를 맡으며 기웃대는 모습이 들어왔다. 애 어른 할 것 없이 깡마른 몸에 얼굴은 굶주려 누렇게 떴고, 옷차림은 거지 행색이나 다름없었다. 게다가 이사 가는 사람들처럼 식기 도구와 이불 보따리를 머리에 잔뜩 이고 있었다. 돈이 있을 턱이 없으니, 혹시나 음식 쓰레기라도 얻을 수 있지 않을까 기대하는 눈치였다.

홍경래는 조용히 주인을 불렀다.

"주인장! 저기 저 가족에게 국밥 좀 듬뿍 말아 주시오. 돈은 여기 있으니 먹고 싶은 만큼 양껏 먹게 해 주시구려. 혹여 내가 샀단 말일랑 절대 하지 마시오."

잠시 후, 영문도 모른 채 국밥을 받아든 가족은 허겁지겁 먹느라 정신이 없었다. 먼저 식사를 마친 홍경래는 조용히 그들 곁에 가서 앉았다. 어린아이의 밥 위에 앉으려는 파리들을 휘휘

저어 쫓아 주며 말을 걸었다.

"어디서 온 가족이오?"

열심히 밥을 먹던 남자가 대답했다.

"충청도에서 올라왔습니다."

"그 곳도 굶주린 이들이 많소?"

"많은 정도가 아닙죠. 여기나 마찬가지로 온 사방에 죽은 시체가 널려 파리 떼가 극성입죠."

"어딜 가도 마찬가지라면서 대체 어디로 가는 길이오?"

"운산에 가면 금광이 있다고 해서 일하러 가는 길입죠."

홍경래는 호기심에 빙긋이 웃었다.

조선 후기에는 상업이 발전하면서 수공업도 번성하였다. 특히 평안도는 각종 자원이 풍부하여 금광, 은광 등 광산 개발이 활발하였고, 평양은 금은 세공으로 유명하였다. 나라에서 광산 개발을 금지하여도 그 이득이 많았기 때문에 상인들은 금광, 은광을 몰래 개발하였다. 사진은 은세공품인 은잔이다.

"금을 캐 본 적은 있소?"

"대대로 농사만 짓던 무지렁이가 어찌 금을 캐 봤겠습니까. 금덩이는커녕 금가루도 본 적 없는걸요. 잇단 가뭄으로 먹을 식량도 없는데 관에서는 세금을 내지 않는다고 끌어다 매질을 하니, 할 수 없이 고향을 떠났습죠."

"금가루도 본 적이 없다면서 어떻게 캐려는 거요?"

남자는 보따리에서 몇 가지 연장을 꺼내 보여 주었다. 표주박 하나, 포대 한 개, 작은 끌이 전부였다.

"이 끌로 돌을 깨서 포대에 채우고 물에 넣어 흔들어 흙을 씻어 낸 다음, 표주박에 넣고 잘 고르면 금가루가 나온다던대요. 저희 가족처럼 금을 캐러 평안도로 가는 백성들이 엄청 많다고 들었습니다."

홍경래는 열심히 해 보라고 격려해 주고 자리에서 일어섰다. 주막을 나서면서 홍경래는 우군칙에게 말했다.

"거사를 서둘러야겠네. 이대로 내버려 두었다가는 온 백성이 굶주려 죽을 판이야. 더군다나 수많은 유랑민들이 금을 캐러 평안도로 몰려온다니, 군대를 모집하기에 이보다 더 좋은 기회가 어디 있겠는가."

"맞습니다, 형님! 먼저 말씀드린 대로 우리도 금광을 개발하여 사람들을 모집하는 게 어떨까요? 금을 캐러 온 사람 중 건강한 젊은이들을 설득해서 훈련시키는 거지요. 운 좋게 진짜 금이 쏟아지면 자금으로 쓸 수 있으니 더 좋고요."

"좋은 생각일세. 어디가 좋겠나?"

"운산의 촉대봉이 마땅할 듯합니다. 신도에서 대정강을 따라 100리 길만 가면 되니까요."

홍경래는 고개를 저었다.

"100리는 너무 멀어. 일단 그 곳에 금광을 개발하되 가까운 곳에 본부를 만드세. 광산을 연다는 핑계로 떠돌이 농민들을 모아 군사 훈련을 하는 거야. 나는 다복동이 좋다고 보네."

다복동은 홍경래가 머물고 있는 신도에서 강 너머 맞은편에 있었다. 나직한 산으로 둘러싸인 넓은 분지로, 박천과 가산, 안주 같은 큰 마을이 가까이 있고, 의주와 평양을 잇는 큰 길과도 멀지 않았다. 그런데도 일부러 들어오지 않는 이상 이런 곳이 있는가 싶게 조용하고 외진 곳이었다.

홍경래가 말을 이었다.

"다복동에 땅을 사서 수백 명이 함께 먹고 자며 훈련할 수 있

다복동은 서쪽으로 가산읍이, 동쪽으로 박천읍이, 남쪽으로 안주가 있는 곳이다. 대정강의 하류에 위치하여 청천강 이북 여러 지역과 평양, 의주로 통하는 주요 길목이었다. 산으로 둘러싸여 쉽사리 눈에 띄지 않았고, 대정강의 신도를 비밀 요새로 삼기에도 안성맞춤이었다. 지도에 표시된 부분이 다복동이고, 지도는 〈해동지도〉 중 평안도 부분도이다.

는 커다란 집을 짓도록 하세. 칼과 창 같은 무기를 만들 대장간도 짓고, 말들을 키울 마구간도 크게 짓는 거야."

우군칙도 신이 나서 말했다.

"좋습니다. 자금만 마련하면 되겠군요."

두 사람은 이 날부터 봉기 자금을 모으는 데 나섰다. 홍경래는 먼저 의주의 임상옥을 찾아가 뜻을 전했다. 임상옥은 수천 냥에 이르는 금덩이를 몰래 보내 왔다. 이번엔 한양에 올라가 박종일을 만났다.

"이제 더 이상 임금과 조정을 믿고 기다릴 수가 없습니다. 이대로 가다가는 조선의 백성들은 모두 굶어 죽은 귀신이 되고 말 것입니다."

"좋은 방법이라도 있다는 거요?"

박종일이 나직이 묻자 홍경래는 더욱 나직이 대답했다.

"남은 길은 무장 봉기밖에 더 있겠습니까. 이미 평안도 지방에는 뜻을 함께한 이들이 진을 치고 있습니다. 박 형께서 한양을 맡아 주신다면 뿌리째 썩은 조선 왕조는 하루 아침에 무너뜨릴 수 있습니다."

박종일은 숨을 훅 들이쉰 채 홍경래를 노려보다가 말했다.

"나도 기다리고 있던 바요. 임금을 손에 쥐고 흔드는 저 간신배들과 세도가들을 모조리 없애 버리지 않는다면 나라가 거덜날 것이오!"

두 사람은 두 손을 내밀어 굳게 잡아 흔들었다. 박종일은 홍경래가 평안도에서 무장 봉기를 일으키면 한양에서 왕궁을 치고 들어가기로 약속했다.

나라에서 버린 백성들은 하늘도 버렸다. 호된 가뭄은 1811년까지 계속되었다. 3년째 이어진 혹독한 가뭄으로 백성들의 삶은 뿌리째 흔들렸다. 견디다 못한 백성들이 맨 처음 일어난 곳은 황해도 곡산이었다.

그 해 봄, 사또 박종신의 가혹한 세금 수탈을 견디다 못한 농민 수백 명이 몽둥이를 들고 곡산 관아로 몰려갔다. 농민들은 관리들을 닥치는 대로 두들겨 패고, 사또 박종신을 끌어내 멍석에 둘둘 말아 30리 밖에다 내팽개쳐 버렸다. 그리고 박종신에게 빼앗은 관아의 도장을 이웃 고을인 수안 군수에게 전달하며

> 황해도 동북쪽에 위치한 곡산은 인구 2만 6천여 명이 사는 작은 마을이었다. 박종신은 1809년 11월에 곡산 부사가 되었다. 농민들이 들고일어나기까지 2년여 동안 박종신이 저지른 부정부패는 상상을 초월했다. 장시 자릿세를 20배가 넘도록 올려 받았고, 포졸과 아전의 급료를 빼앗았다. 얼토당토않게 매긴 자릿세를 즉시 내지 않으면 관가로 끌고 가 죽도록 매를 때렸다. 직접 만든 곤장이 크고 단단하여 곤장을 맞고 죽은 사람이 100명도 넘었다.

> 관인은 관을 나타내는 도장이다. 관인에는 관리의 직함을 나타내는 직명인, 관청 이름을 나타내는 관아인이 있다. 관직을 떠나는 사람은 후임자에게 관인을 넘겨 주어야 하고, 후임자는 관인을 받아야 부임 절차가 끝났다.

말했다.

"곡산 고을의 백성은 모두 사또에게 원망을 품고 있습니다. 그러니 이 곡산군 관인을 가져가 나라에 보고하고, 새로운 군수를 내려 보내도록 잘 말해 주십시오."

순진한 농민들은 자기들이 나라에 반역할 뜻이 조금도 없으며, 탐관오리만 내쫓았을 뿐이라고 생각하였다. 아무도 크게 다치거나 죽지 않았으니 이번 사건이 한바탕 소동에 불과하다고 생각한 것이다. 그리하여 한양에서 내려온 조사관이 모든 진실을 밝혀 내고 박종신을 처벌하리라 기대했다. 농민들은 한양과 지방의 관리들이 대부분 친척 관계나 뇌물로 연결되어 있다는 사실을 알지 못했다.

한양에서 내려온 조사관과 평안 감사는 박종신의 죄를 캐기는커녕 사또 자리에 그대로 놔둔 채 농민들만 잡아다 고문을 가했다. 잡혀 온 농민 130여 명은 억울하게 고문당했다며 진실을 밝혀 달라고 요구했다. 하지만 조사관과 평안 감사는 농민 100여 명에게 사형을 내렸다. 오직 한 가지, 부사를 멍석말이 했다는 죄명으로 농민 100여 명이 목이 잘려 거리에 내걸리는 참극이 벌어지고 말았다.

이 사건으로 평안도와 황해도의 민심은 걷잡을 수 없이 나빠졌다. 너나없이 분노로 치를 떨며 난리가 일어나야 한다고 가슴을 쳤다.

곡산 사건을 지켜본 홍경래는 더욱 철저히 준비하지 않으면 안 된다는 것을 느꼈다. 우군칙, 김창시, 김사용을 불러 앉힌 홍경래는 낮은 목소리로 힘있게 말했다.

"곡산 사건을 보시게. 사또와 관리 몇 명을 때렸다는 이유만으로 아까운 목숨만 100명이 날아갔네. 마음만 앞서서 제대로 준비하지 않은 채 나섰다가는 우리도 그 꼴을 면하지 못할걸세. 우리야 벌써 10년 전에 죽음을 각오했지만, 아무것도 모르는 백성들을 죽음으로 내몰아서야 되겠는가. 단 한 명의 목숨도 소중히 여겨야 하네. 그 동안 모은 자금도 충분하니 서둘러서 다복동에 훈련소를 짓세."

김사용이 물었다.

"농민을 아무리 훈련한들 관군을 이기기가 쉽겠습니까?"

"그러니 더욱 훈련을 해야지. 그리고 무엇보다 각 고을마다 우리 편이 된 관리에게 군대가 일어나면 싸우지 말고 성문을 열도록 하는 게 가장 좋은 방법일세."

 1811년 봄, 다복동에 군사들의 합숙소로 쓸 커다란 기와집을 짓기 시작했다. 사방에서 불러모은 목수 수십 명과 일꾼들은 서둘러 집을 짓기 시작했다. 맨 먼저 끝이 뾰족한 소나무 말뚝을 수도 없이 만들어 촘촘히 바닥에 박았다. 그렇게 기초를 다진 후 강에서 옮겨 온 커다란 돌로 주춧돌을 놓고 그 위에 기둥을

세워 집의 모양을 갖추어 나갔다. 대정강 기슭, 아늑한 다복동 분지에는 여름 내내 망치 소리가 요란했다.

합숙소 곁에는 무기와 식량을 넣어 둘 창고들을 짓고, 무기를 만들 커다란 대장간도 강변에 지었다. 원료가 되는 쇠붙이들을 강을 통해 실어날라야 하기 때문이었다. 또 집과 뚝 떨어진 야산 기슭을 파서 화약을 넣어 두는 화약고를 짓고, 이를 지킬 초소도 세웠다.

이 공사는 이희저와 우군칙이 맡았다. 이희저는 아낌없이 돈을 댔고, 우군칙은 총감독을 맡았다. 홍경래는 사람들 앞에 모습을 드러내지 않고 신도에 머물며 군사 훈련을 계속 하였다. 때때로 두 사람을 불러 집을 얼마나 지었는지, 어떤 건물을 새로 지어야 할지 상의했다. 바깥 사람들에게는 다복동 뒷산에서 금광이 발견되어, 금을 캐기 위해 집과 창고, 대장간을 짓는다고 소문을 퍼뜨렸다.

1811년 7월, 다복동에는 새로운 마을 하나가 생겼다. 홍경래는 가족을 이끌고 신도에서 나와 다복동에 들어와 살면서, 본격적인 봉기 준비에 들어갔다.

이 때부터 조용하던 대정강에 날마다 배들이 올라오기 시작했다. 배에는 조총과 화약, 창칼을 만들 쇠붙이들이 가득 실려 있었다. 신도에서 함께 훈련해 온 장사들은 쇠붙이들을 날라 깊숙이 숨겨 두었다. 대장간 화덕에는 매일 쇠를 달구는 시퍼런 불길이 솟아올랐고, 쇠를 두드려 무기로 만드는 망치 소리가 밤늦도록 이어졌다.

홍경래는 다복동 뒷산에 금광을 열고 광부를 모집한다는 소문을 냈다. 일단 소문을 듣고 찾아오면 홍경래는 한 냥에서 세

조선 시대의 무기

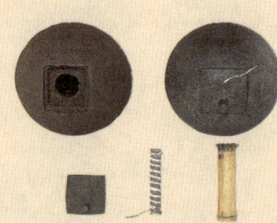

활과 화살은 기본 무기이다. 단단한 나무나 쇠를 휘어서 반달 모양으로 활을 만든다. 양 끝에 시위를 걸고 화살을 시위에 메겨 당겼다 쏜다.

비격진천뢰는 조선 선조 때 이장손이 발명한 시한 폭탄으로 행주대첩에서 대단한 힘을 발휘하였다. 화약, 철 조각, 뇌관을 속에 넣고 겉은 쇠로 박처럼 둥글게 쌌다. 심지에 불을 붙여 터트렸다.

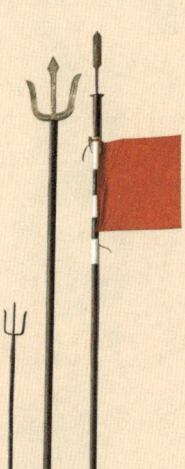

창은 병사들이 주로 사용하는 무기이다. 가까운 거리의 적과 싸우기 편하다. 적군을 공격하거나 대형을 유지할 때 썼다.

조총은 임진왜란 때 들어와 이후 조선의 주력 무기가 되었다. 100미터 안에 있는 사람을 쏘면 10발 중 8~9발은 명중할 만큼 성능이 좋았다. 나는 새도 떨어뜨린다고 하여 조총이라 불렀다.

불랑기 화포는 앞에서 화약과 포환을 넣는 전통 화포와 달리 뒤에서 포환을 넣어 아주 빨리 연달아 쏠 수 있었다. 임진왜란 이후 만들어 사용하였다.

냥까지 계약금을 주어 먼저 가족들을 먹여 살리도록 했다. 소문이 퍼지자 젊은이들이 구름 떼처럼 다복동으로 모여들기 시작했다. 대부분 땅을 잃고 떠도는 농부들이었다. 다복동은 시끌벅적해졌다.

"오늘 처음 들어온 젊은이들은 이리 오시오!"

훈련을 맡은 홍총각은 젊은 농부들이 새로 들어오면 우선 삽을 나눠 주고 땅을 파도록 했다. 기운이 얼마나 센지 시험해 보려는 것이었다. 짧은 시간에 얼마나 깊이 땅을 파는가를 봐서 힘이 좋은 사람들을 합격시켰다. 그 다음에는 얼마나 높이 뛰는지를 시험했다.

"가장 높이 뛰는 사람은 세 냥, 이등에게는 두 냥의 상금을 줄 것이오."

나무 사이에 새끼줄을 걸어 놓고 뛰어넘게 하니, 새끼줄에 다리가 걸려 나뒹구는 사람, 훌쩍 뛰어넘는 사람들 때문에 웃음과 감탄이 터져 나왔다.

홍총각은 두 가지 시험에 모두 합격한 사람들을 병사로 뽑은 후 검술과 사격술, 말 타는 훈련을 시켰다. 합격하지 못한 사람이나 함께 들어온 가족들은 대장간에서 무기를 만들거나 밥을 짓게 했다.

　이렇게 모여든 농민들이 금방 수백 명을 넘어 다복동은 커다란 마을이 되었다. 골짜기 으슥한 곳에서는 조총 소리가 메아리가 되어 울렸고, 대장간에서는 망치 소리가 온종일 땅땅거렸다. 홍경래는 새로운 세상을 바라는 뜨거운 열망들이 어둠을 밀어 내는 소리를 들었다. 어둠이 깊을수록 찬란한 아침이 온다는 성인들의 말이 머릿속을 스쳐 갔다.

　혁명의 신새벽이 밝아 오고 있었다. 홍경래는 마음을 모으고 푸르고 시린 새벽 하늘을 가만히 올려다보았다.

7
일곱 고을을 점령하다

1811년 10월 무렵, 평안도 아이들 사이에서 이상한 노래가 떠돌기 시작했다.

한 선비의 갓이 삐딱하니 귀신이 옷을 벗었네.
열 필에 한 필을 더하고 작은 언덕에 두 발이 달렸네.

한자 18자로 이뤄졌다고 하여 '18자 참요'라 불린 동요로, 풀이하면 1811년에 군대가 일어난다는 뜻이었다. 아이들은 뜻도 모른 채 이 노래를 부르며 골목을 누비고 다녔고, 어른들은 은

봉기군의 목표는 가산 부근 다복동에서 출발하여 북으로는 정주를 거쳐 의주까지, 남으로는 평양을 거쳐 한양까지 단숨에 점령하는 것이었다. 조선 후기에 제작한 《여지도첩》 중 평안도 지도이다.

근히 오늘의 고통을 해결해 줄 누군가가 나타나리라는 기대를 품었다. 김창시가 지어서 일부러 퍼뜨린 노래였다.

한편 다복동은 더욱 분주해졌다. 10월 들어 용강에 있던 홍경래의 집안 식구들이 모두 들어왔다. 또한 지난 10년 동안 뜻을 맞춰 온 평안도 일대 선비와 장사들, 상인들이 속속 모여들었다. 처음으로 한 자리에 다 모인 이들은 각자 역할을 나누었다.

율두의 마을 지도자 김정우가 군사 모집을 맡고, 김창시는 운산 촉대봉 금광의 노동자들을 맡았다. 가산의 이희저와 곽산의 박성신 등 여러 부자들은 식량을 담당했다. 평안도 각 고을에서 뽑혀 온 장사 수십 명은 제각기 군사 지휘를 맡았다.

봉기군 지도부의 서열도 정했다. 홍경래가 평서대원수를 맡고 부원수는 김사용이 맡았다. 총참모는 우군칙, 작전 참모 격인 모사는 김창시가 맡았다. 군수품을 지원하는 도총은 이희저가 맡았다. 홍총각은 선봉장, 후군 선봉장은 이제초가 맡았다.

봉기 날짜는 1811년 12월 20일로 정했다. 봉기군은 두 갈래로 나뉘어 진격하기로 했다. 대원수 홍경래가 이끄는 남진군은 남으로 한양까지, 부원수 김사용이 이끄는 북진군은 북으로 의주까지 진격하기로 계획을 짰다. 군을 두 갈래로 나눈 이유 중

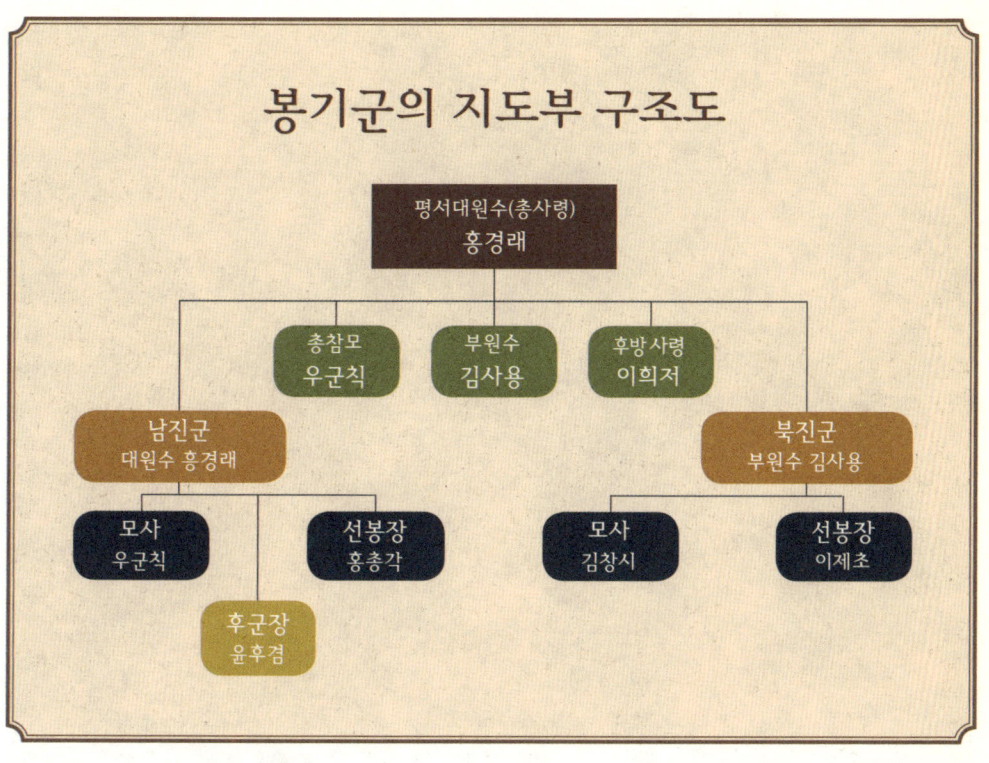

하나는 한양 쪽으로만 치고 들어가면 의주에 있는 관군이 뒤를 쳤을 때 막을 수 없기 때문이었다. 또 하나는 만에 하나 한양까지 진격해 들어가는 것이 실패하면, 의주에서 저항을 계속하기 위해서였다.

거사를 사흘 앞둔 12월 17일, 말을 타고 머리에 붉은 수건을 동여맨 장사들이 일제히 다복동으로 모여들었다. 운산의 촉대봉 광산 노동자들도 속속 도착해 무기를 받았다. 2천여 병사들

이 모두 한 자리에 모였다.

봉기군의 위세는 대단했다. 조총 수백 정에 창과 칼은 남아돌았고, 말 탄 기병만 200명에 이르렀다. 평안도 감영을 지키는 관군이 1천 명인데 비하면 대단한 숫자였다.

"대원수! 이 정도 군사면 한양의 왕궁을 치기에도 두려움이 없겠습니다."

총참모 우군칙이 병사들을 바라보며 만족스럽게 말했다. 홍경래도 결의에 찬 병사들의 모습이 믿음직스러웠다. 봉기 준비는 완벽했다. 이제 남은 건 계획대로 움직이는 것뿐이었다.

"예부터 병서에 이르기를 최고의 병법은 싸우지 않고 이기는 것이라 했네. 우리는 무슨 일이 있어도 가장 빠른 시일 안에 의주와 한양을 점령해야 하네."

"이미 10여 년을 공들여 우리 사람들을 곳곳에 심어 놓았으니 봉기는 반드시 성공할 것입니다."

우군칙 옆에 서 있던 부원수 김사용이 다부지게 대답했다.

홍경래가 믿는 것은 병사만이 아니었다. 봉기가 일어나면 함께하기로 한 관리들이 수십 명이었다. 그들은 각자 고을에서 기다렸다가 봉기군이 들이닥치면 성문을 열기로 약속되어 있었다.

봉기군의 목표인 한양의 성문을 열어 줄 사람은 박종일이었다. 한양까지 600리, 별다른 저항 없이 간다면 조정이 군사를 모집하기 전에 한양에 들이닥칠 수 있었다. 때를 맞춰 박종일이 왕궁을 점령해 성문을 열어 준다면 봉기는 거의 피를 흘리지 않고 성공할 수 있었다.

그랬다. 봉기의 성공은 속전속결, 무혈입성에 달려 있었다. 누구보다도 백성들의 목숨을 아끼는 홍경래가 10여 년이란 긴 세월 동안 동지들을 모은 데는 그런 계산이 숨어 있었다.

그런데 예상치 못한 사건이 터졌다. 수많은 청년들과 말 탄 장수들이 다복동으로 모이고 있다는 소문이 돌면서, 관아마다 비상이 걸렸다. 엎친 데 덮친 격으로 선천에서 봉기에 가담키로 한 최봉관, 박성신 등 관리들이 체포되었다. 김사용이 병사들과 함께 구출해 오기는 했으나, 탄로가 난 이상 봉기 날짜를 앞당기지 않을 수 없었다. 지도부는 계획보다 이틀 앞당겨 봉기를 일으키기로 하였다.

드디어 1811년 12월 18일 밤, 봉기의 횃불이 타올랐다. 나직하고도 흥겨운 노랫소리와 함께 다복동을 출발한 봉기군은 남과 북으로 나뉘어 어둠을 뚫고 밀물처럼 나아갔다.

홍경래가 직접 이끄는 남진군은 새벽 세 시경 가산 고을 입구에 다다랐다. 미리 준비하고 있던 가산 관아의 관리 이맹억과 김응석이 군악대까지 이끌고 마중 나왔다.

"평안도 창의군 만세! 홍경래 장군 만세!"

포졸들은 봉기군과 싸우기는커녕 열렬히 환영했다.

"가산 군수 정시는 이리 나오너라!"

선봉장 홍총각이 소리치며 관아로 들이닥치자 군수 정시는

관아에서 하는 일

관아는 고을 수령이 업무를 보는 곳이다. 관아에서는 크게 네 가지 일을 하였다. 첫째, 인구 및 가구를 3년마다 조사하였다. 둘째, 세금을 거두었다. 셋째, 재산 분쟁이나 소송 사건을 처리하였다. 넷째, 법에 따라 재판을 하고 처벌하였다.

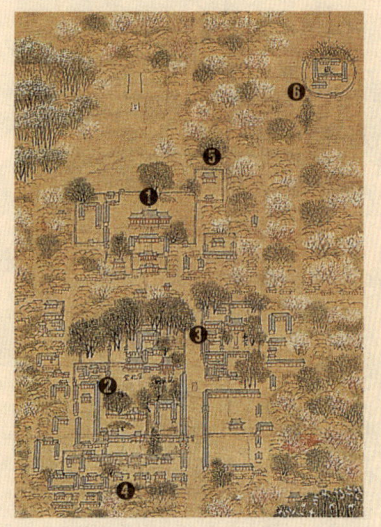

1700년대 전주부 지도로 본 관아의 구조이다.
❶ 객사-임금을 상징하는 나무 패를 모셔 두는 곳
❷ 선화당-수령의 집무실 ❸ 내아-수령 가족이 살던 집 ❹ 질청-향리의 집무실 ❺ 향청-지방 양반들의 모임인 유향소 회의를 열던 곳
❻ 옥-죄인을 가두던 곳

칼을 빼들고 맞서며 부하들에게 소리쳤다.

"게 아무도 없느냐. 어서 저 반란 역도들을 막아라!"

하지만 정시는 백성들과 상인들을 괴롭혀 돈을 뜯어 낸 탐관오리였다. 정시를 도우려는 군졸은 아무도 없었다. 갑옷을 입고 말을 탄 채 관아로 들어간 홍총각은 단칼에 정시를 베어 버렸다. 홍경래는 새로 군수를 임명하고 창고 문을 열어 쌀을 나눠 주도록 지시했다. 관아 앞에는 새벽부터 쌀을 받으려고 모여

든 백성들이 줄을 이었다.

　같은 시각, 부원수 김사용이 이끄는 북진군은 곽산군 관아를 점령했다. 곽산 군수 이영식은 백성들을 돌볼 생각은 하지 않고 매일 술만 마시며 놀던 자였다. 그 날도 술에 잔뜩 취해 잠들었다가 봉기군이 들이닥치자 다락방에 숨어 있다 잡혔다. 봉기군과 주민들은 꽁꽁 묶여 끌려나온 이영식에게 손가락질했다.

　"군수란 놈이 매일 술독에 빠져 백성은 돌보지도 않더니 꼴좋

> 향교는 각 지방에서 세운 관립 교육 기관이다. 한양에 있는 국립 교육 기관인 성균관을 그대로 본땄으며 학문을 연구하고, 성현에 대한 제사를 담당하였다. 향교는 대체로 수령이 머물며 정사를 펴는 관아에서 멀지 않은 곳에 자리하였다.

게 되었구나!"

"에이, 아직도 술 냄새가 진동을 하네 그려. 부원수님, 이런 놈은 당장 죽여 버려야 합니다!"

김사용은 사람들을 말렸다.

"아니다. 이 자는 허구한 날 술독에 빠져 지내느라 백성들을 제대로 돌보지 않았을 뿐이다. 백성들을 괴롭히거나 돈을 뜯어 내지는 않았다고 하니, 일단 옥에 가두어 두거라."

술에 취한 채 옥에 갇힌 이영식은 밤중에 한 포졸이 도와 주어 가까스로 도망쳤다. 김사용은 곽산 군수와 관리들을 새로 임명하고 곧장 정주로 향했다.

12월 19일 낮, 김사용과 이제초 등 봉기군 장수들이 정주성에 다다르자, 정주 관아의 관리들이 술과 고기를 마련해 이들을 맞이했다. 말 탄 기병 수십 명이 앞서고 보병 수백 명이 그 뒤를 따라 정주성에 들어가니 주민들도 모두 나와 이들을 반겼다. 소식을 들은 정주 군수는 향교에 숨었다가 좌수 김이천, 집사 이침 등에게 붙잡혔다. 김사용은 군수를 죽이지 않고 노비를 딸려

멀리 내쫓아 버렸다.

북진군이 정주성에서 새 군수와 관리들을 임명하는 동안, 홍경래와 홍총각이 이끄는 남진군은 박천읍으로 진격했다.

12월 20일 새벽, 기병 수십 명과 보병 수백 명이 박천읍에 들이닥치자 반항하는 포졸이 하나도 없었다. 군수는 절간에 숨어 있다가 늙은 어머니가 봉기군에 잡혀 있다는 소식을 듣고 항복했다. 남진군 역시 피 한 방울 흘리지 않고 박천을 점령했다.

그런데 박천에서 예상치 못한 사고가 터졌다. 박천 관아에 자리잡은 지휘부 안에서 다음 진격지를 두고 다툼이 벌어졌다. 원래 계획은 먼저 영변을 점령한 후 안주를 치는 것이었다. 물론 하루빨리 한양으로 가려면 평양으로 가는 길목인 안주로 바로 내려가는 것이 옳았다. 하지만 영변 군사들에게 뒤를 포위당할까 염려하여 영변을 먼저 치려 한 것이다. 그런데 안주에서 봉기를 준비해 온 안주군 집사 김대린과 이인배가 안주를 바로 쳐야 한다고 주장하고 나섰다. 안주 목사가 봉기군과 내통한 자들을 가려 낼 것이라는 소문 때문이었다.

홍경래는 원래 작전대로 영변을 먼저 치기로 결정했다. 이에 실망한 김대린과 이인배는 홍경래를 죽이고 지휘권을 빼앗아 군사를 이끌고 안주로 가기로 결심했다. 안타깝게도 홍경래는 김대린의 칼에 이마를 깊이 베이고 말았다. 생명에는 지장이 없었으나 워낙 상처가 깊었고 피를 많이 흘렸다.

남진군은 영변 공격을 포기하고 급히 다복동으로 돌아갔다. 소식을 들은 북진군도 정주성에 머물며 홍경래가 나을 때까지 기다렸다. 두 부대가 모두 진군을 멈춘 것은 그만큼 홍경래가 귀중하기 때문이었다. 지휘부가 100명도 넘었으나 모두들 홍경래를 중심으로 뭉쳐 있었다. 만일 홍경래가 죽거나 자리에서 일어나지 못한다면, 봉기군은 모래알처럼 흩어질 게 뻔했다.

한편 조정은 20일에야 평안도에서 일어난 봉기 소식을 듣게 되었다. 난리가 났다는 소문이 곧바로 도성 안에 퍼졌다. 높은 관리와 부자들이 모여 사는 한양은 소문만으로도 들썩거렸다. 피난을 떠나는 사람들이 늘고 도적들이 출몰하였다. 민심이 술렁이기 시작했다.

다급해진 조정은 봉기군이 점령한 각 고을에 관리를 새로 내려보내려 했다. 하지만 갖은 핑계를 대며 다들 몸을 사렸다. 군대를 보내려 해도 선뜻 나서는 장수가 없었다. 조정은 봉기가 일어난 지 1주일 만인 12월 24일, 겨우 비상 진압 사령부인 순

무영을 설치하였다.

한편 한양에서 봉기를 준비해 온 박종일 등은 홍경래 군대가 오기만을 눈이 빠지게 기다렸다. 지금처럼 어수선한 분위기라면 왕궁을 쉽게 점령할 수 있을 터였다. 그러나 기다리고 기다려도 봉기군은 오지 않았다.

조정이 우왕좌왕하는 동안 영변과 안주성에서는 백성들의 동요를 가라앉히고, 성문을 굳게 걸어 잠갔다. 군대를 모아 봉기군에 맞설 준비를 하는 한편, 홍경래군과 내통하고 있는 자들을 찾아 나섰다. 안주에서는 상인 나대곤을 체포하여 참수하였고, 영변에서는 주모자급 19명을 찾아 내 사형에 처했다.

홍경래가 겨우 몸을 추스린 것은 4일이 지난 12월 24일이었다. 홍경래는 현재 상황을 꼼꼼히 따져 보았다. 홍경래의 부상은 봉기군에게 엄청난 치명타가 되었다. 관군에 비해 군사나 무기 면에서 열세일 수밖에 없는 봉기군으로서는 초반 기세를 몰아, 좀더 많은 지역을 점령하여 세력을 넓히는 것이 무엇보다 중요했다. 그런데 결정적인 순간에 나흘이나 진격을 멈추고 만 것이다. 반대로 관군은 그 사이에 봉기군에 맞서 싸울 준비를 하였다.

더는 머뭇거릴 시간이 없었다. 관군이 반격하기 전에 움직여야 했다. 홍경래는 곧바로 진군을 명령했다. 북진군과 남진군 모두 다시 진군하기 시작했다.

12월 24일, 북진군은 정주를 떠나 선천읍을 점령했다. 선천에서도 봉기를 준비하고 있던 관리들이 군사 수백 명을 이끌고 맞이했다. 검산산성에 숨어 있던 선천 부사 김익순은 자신의 목에 새끼줄을 걸고 나와 항복했다.

12월 28일, 철산읍으로 올라가니 역시 관리들이 소를 잡고 술을 마련해 환영했다. 김사용은 마중 나온 관리 정복일에게 철산읍을 맡겼다. 정복일의 집안은 임진왜란과 정묘호란 때 큰 공을 세운 충신 집안이었다.

다른 고을 역시 백성들에게 존경받는 인물을 관리에 앉혔다. 봉기군의 행동을 지켜보던 평안도 백성들은 새로운 세상이 오리라는 기대감에 들떴다. 철산에 진을 친 북진군의 수는 기병이

> 김익순은 농민군에 맞서 싸워야 할 관리였으나 농민군에 항복하는 바람에 역적이 되었다. 그런데 당시 여섯 살이던 김익순의 손자 김병연은 이 사실을 모른 채, 하인의 도움으로 피신하여 숨어 지냈다. 세월이 지나 김익순은 사면을 받았고, 집안 내력을 모르던 김병연은 김익순을 비판하는 글을 써 과거에 합격하였다. 김병연은 뒷날 이런 내막을 알고, 할아버지를 비난한 자신을 용서할 수 없어 관직을 버리고 방랑길에 나섰다. 차마 얼굴을 들고 다닐 수 없다며 삿갓을 쓰고 다녔는데, 그래서 이름 대신 김삿갓이라 불리게 되었다.

80명, 보병이 1천 2백 명에 이르렀다.

부원수 김사용이 이끄는 북진군이 별다른 저항 없이 여러 고을을 점령하는 동안, 다복동에서 나온 홍경래의 남진군도 싸움 한 번 하지 않고 다시 가산과 박천을 점령했다. 비록 4일이 늦어져 남쪽으로 가는 길은 막혔지만, 봉기군은 의주를 제외한 청천강 이북의 대부분 지역을 손에 넣었다.

홍경래의 명령대로, 봉기군은 백성들에게 쌀 한 톨, 옷 한 벌도 빼앗지 않았다. 오히려 관아의 창고를 털어 쌀을 나눠 주었으며 꼭 필요한 경우에는 돈을 주고 샀다. 백성을 살리고 새 세상을 만들고자 일어선 봉기군이었다. 백성들의 터럭 한 올이라도 건드려서는 안 되었다.

봉기군 중에서 말 잘 하는 이들은 백성들을 모아 놓고 무엇을 위해 봉기하였는지 차근차근 설명하였다.

"평안도 백성들이여, 새 세상이 열렸소. 이제 여러 백성들은 신분 차별도 없고 가혹한 세금도 없는 새로운 나라에서 마음놓고 살아갈 수 있게 되었소. 오늘부터 양반이니 상놈이니 하는 차별은 사라졌소. 새로운 나라에서는 글 읽는 선비도, 밭 가는 농민도, 장사하는 상인도, 금을 캐는 광부도 모두 똑같은 사람으로 평등하게 대접받을 것이오!"

"만세! 평안도 창의군 만세! 평서대원수 홍경래 장군 만세!"

오랜 세월 탐관오리들의 횡포와 가혹한 수탈에 시달려 온 백성들은 봉기군을 열렬히 환영했다. 봉기군이 쌀을 나눠 주거나 연설을 할 때마다 젊은이들이 앞다투어 봉기군이 되겠다고 나섰다. 마을마다 봉기군에 들어오려는 청년들이 줄을 이어, 2천 명이던 봉기군은 금세 3천, 4천 명으로 불어났다. 봉기군은 물론이요, 평안도 백성들도 새로운 나라가 세워지리라 믿어 의심치 않았다.

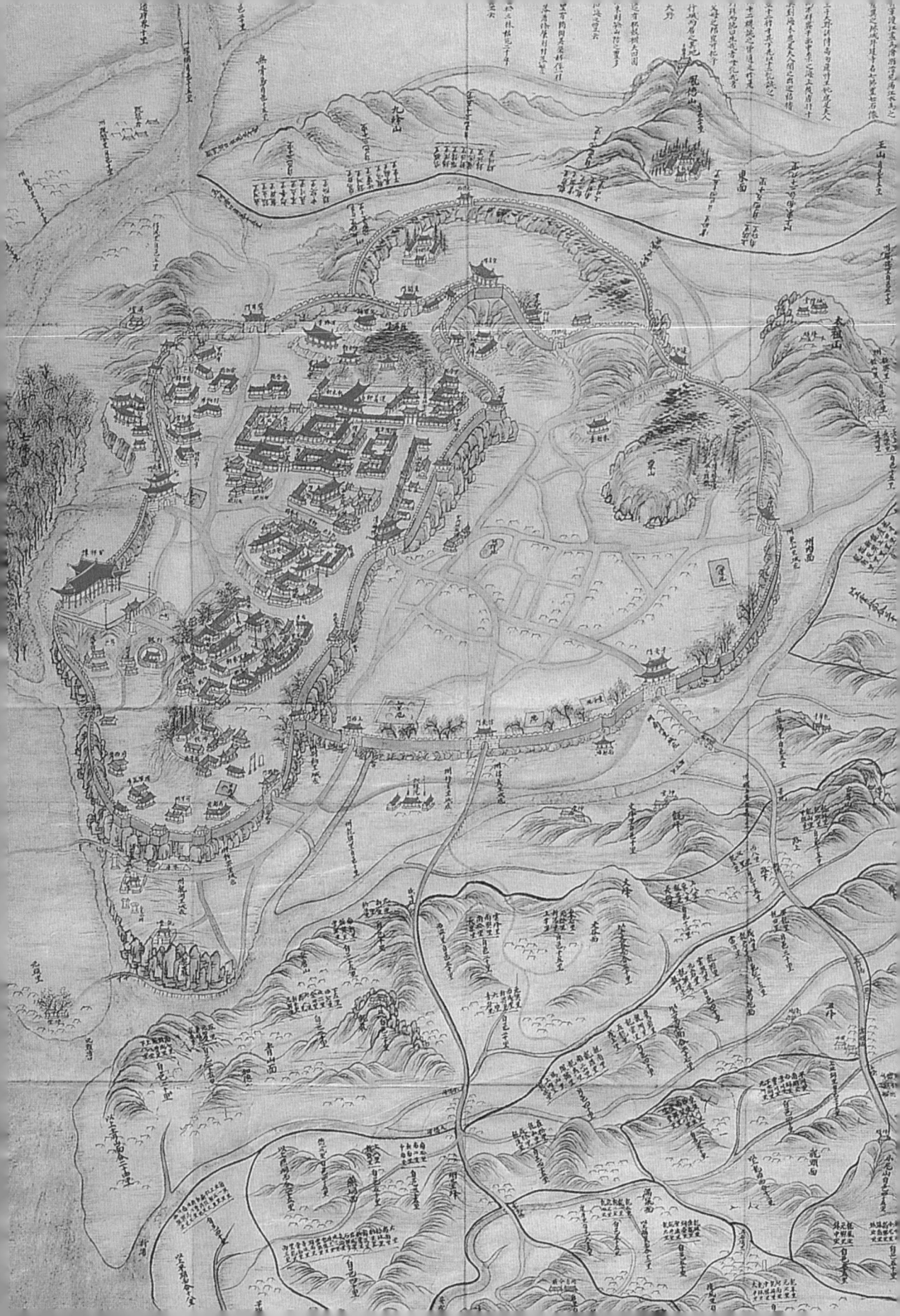

8
패배한 첫 싸움

　다시 일곱 고을을 손에 넣고 진격에 박차를 가하던 봉기군에 맞서, 관군 또한 평양과 한양으로 올라가는 주요 길목을 막고 포위망을 좁혀 오고 있었다.

　평양에 자리잡은 평안 감영의 군사는 본래 900여 명에 불과하였다. 그런데 홍경래가 쓰러져 있는 동안 마을마다 돌아다니며 급히 군사를 모아, 며칠 사이 그 수가 2천여 명이 되었다. 평안 병사 이해우는 군사 2천여 명을 데리고 봉기군이 남으로 내려오지 못하도록 안주 부근을 막고 있었다. 봉기군에게는 치명적인 타격이 아닐 수 없었다.

안주는 평안도에서 제일 가는 군사, 행정의 요충지이다. 평양을 거쳐 한양으로 가려면 반드시 안주를 거쳐야 했다. 홍경래군과 관군 모두에게 안주가 중요할 수밖에 없었다. 1872년에 제작한 〈안주목지도〉이다.

결국 봉기가 일어난 지 11일째 되던 날인 12월 29일, 봉기군과 관군은 박천 근처에 위치한 송림에서 피할 수 없는 일전을 벌이게 되었다. 아직 한양의 중앙군이 도착하지 않은 가운데, 홍경래가 이끄는 2천 봉기군과 평안 감영 소속 2천 관군이 맞붙게 되었다.

피 한 방울 흘리지 않고 백성들의 환영을 받으며 일곱 고을을 점령한 봉기군의 사기는 드높았다. 조총으로 무장한 관군이 언

덕 위의 유리한 고지를 차지하고 있었으나 봉기군은 두려움이 전혀 없었다.

"아무래도 이 싸움은 우리가 불리하오. 관군은 무기도 충분한데다 높은 곳에서 우리를 내려다보고 있소. 우리 병사들의 사기가 하늘을 찌를 듯하나 훈련을 제대로 받지 못하였소. 우리 병사들이 밑에서 위로 공격해야 하는데 질 게 뻔하오."

홍경래는 몹시 걱정스러웠다. 그의 말대로 봉기군 중에 다복

동에서 훈련을 받은 병사는 수백 명도 되지 않았다. 나머지는 새로 들어온 농민들로 총이나 칼 한 번 잡아 본 적이 없는 사람들이었다. 얼어붙은 들판 곳곳에서 서툴게 무기를 휘두르는 모습들이 눈에 띄었다.

"걱정하실 것 없습니다. 관군은 오합지졸입니다. 마을마다 돌아다니며 강제로 농민들을 끌고 왔다고 합니다. 하지만 우리 봉기군은 스스로 들어온 병사들이라 사기가 하늘을 찌르고도 남습니다."

홍총각이 자신 있게 말했지만, 홍경래는 마음이 놓이지 않았다. 그러나 위치가 불리하다고 돌아서면, 관군에게 뒤를 공격 당할 수밖에 없었다. 관군과의 전투는 피할 수 없게 되었다.

"그렇다면 먼저 기병들을 앞세워 중앙을 돌파하시오."

기병 수십 명이 병사들 앞에 나서자 홍경래는 힘차게 외쳤다.

"창의군 병사들이여! 백성을 위해 일어선 우리를 가로막을 자는 아무도 없다! 돌격하라!"

돌격을 알리는 큰북이 둥둥 울리기 시작했다.

"와!"

봉기군은 함성을 지르며 일제히 언덕을 향해 달려갔다. 말 탄 기병 수십 명이 언 땅을 박차고 돌격했다. 동시에 언덕 위에 있던 관군의 총구에서 불꽃이 뿜어져 나왔다.

언덕을 향해 달리던 기병들은 관군의 조총에 맞아 말에서 굴러 떨어졌다. 뒤따라 달려가던 보병들도 힘없이 고꾸라졌다. 봉기군은 사방에서 나무 토막처럼 쓰러져 갔고, 그들의 흰 옷은 붉은 피로 물들었다.

당황한 봉기군 선두가 겁을 먹고 주춤대기 시작했다. 이 때 홍총각이 말을 내달려 관군 진영으로 뛰어들어, 칼을 휘두르며 외쳤다.

"달아나지 마라! 관군은 오합지졸이다! 공격하라!"

홍총각의 용기에 힘을 얻은 봉기군은 죽음을 무릅쓰고 다시 언덕으로 몰려 올라갔다. 놀란 관군이 달아나려 하자, 이번에는 관군 장수들이 칼을 휘두르며 병사들이 달아나지 못하도록 막아섰다.

"후퇴하는 자는 즉시 목을 벨 것이다!"

관군은 어쩔 수 없이 자리를 지켜야 했다. 그런데 봉기군의 선두와 관군이 뒤엉켜 싸우는 사이, 봉기군의 뒤편이 소란해졌다. 관군 1천여 명이 멀리 돌아 봉기군의 뒤를 기습한 것이었다. 언덕 위의 관군들도 일제히 봉기군을 향해 밀고 내려왔다. 봉기군은 순식간에 무너지기 시작했다.

앞뒤에서 공격을 당한 봉기군은 갑옷을 벗어던지고 창칼을 버려 둔 채 사방으로 흩어졌다. 관군은 봉기군을 뒤쫓아 사냥하듯 닥치는 대로 잡아죽이기 시작했다. 봉기군 수백 명이 차가운 들판에서 시체가 되었고, 30명은 잡혀 곧바로 처형당했다. 한겨울 찬바람이 몰아치는 송림 들판은 봉기군의 시신과 피로 덮여 갔다.

죽을 힘을 다해 관군을 막은 홍총각 덕에 겨우 목숨을 건진 홍경래와 우군칙은 남은 병사들을 이끌고 북쪽으로 후퇴하지 않을 수 없었다. 밤새 걷고 걸어 정주성에 도착했을 때 남은 병사는 겨우 수백 명이었다. 나머지는 죽거나 달아나 버렸다. 관군과의 첫 싸움에서 봉기군은 무참히 패하고 말았다.

송림 전투에서 봉기군은 질 수밖에 없었다. 겨울이라 몸을 숨길 만한 데가 없는 들판에 진을 쳤으니 관군의 표적이 될 수밖에 없었다. 더욱이 관군은 언덕에 진을 쳤기 때문에 봉기군의 움직임을 내려다보며 작전을 짤 수 있었다. 또한 봉기군은 관군의 중앙을 뚫는 데 전력하여, 관군이 뒤에서 치고 들어오자 한

홍경래군은 봉기 11일째에 처음으로 송림에서 관군과 맞붙어 크게 졌다. 이는 봉기가 실패하는 결정적 계기가 되었다. 지도에 ⊗로 표시한 부분이 싸움이 벌어진 송림이다.

순간에 무너지고 말았던 것이다. 지형이 불리하면 정면 돌파가 아니라 기습 작전이나 유인책 등 다른 전략을 써야 하는 것이 싸움의 기본이다. 그러나 봉기군 지휘부에는 실제 전투를 경험했거나 지휘를 해 본 사람이 아무도 없었다. 송림 전투에서 패한 봉기군은 다시 일어서기 힘들 만큼 큰 타격을 입고 말았다.

    송림 전투에서 승리한 관군은 봉기군을 뒤쫓는 한편, 평안도 지역을 초토화시키는 작전을 벌였다. 반란의 싹을 없앤다며 평안도 백성들을 봉기에 동조한 반역자로 몰았다. 관군은 봉기군의 근거지인 가산 다복동을 불태우고 봉기군을 쫓아 정주로 향하였다. 관군은 지나는 마을마다 불을 질러 태워 버리고, 남녀노소 가리지 않고 닥치는 대로 죽였다. 불에 타 죽고 칼에 맞아 죽은 자가 헤아릴 수 없을 정도였다. 관군의 무자비한 학살에 집과 가족을 잃은 백성들은 후퇴하는 봉기군을 따라 정주성으로 들어갈 수밖에 없었다.

정주성 근처에 머물던 북진군 700여 명도 정주성으로 들어갔다. 12월 30일, 정주성에 모인 인원은 봉기군과 백성을 합쳐 수천 명이 넘었다. 그 중 전투를 할 수 있는 남자는 2천 5백여 명이었고, 나머지는 아녀자와 노인과 아이들이었다. 정주성은 성벽이 높고 튼튼해 무기와 식량만 갖추면 얼마든지 버틸 수 있는 곳이었다. 봉기군은 모든 성문을 굳게 닫고 뒤쫓아온 관군에 맞섰다.

한편 철산에 머물던 북진군의 주력 부대인 김사용 부대는 새해 1월 3일, 의주로 올라가는 길목인 용천을 힘들이지 않고 점령하였다. 다음 공격지는 의주성이었다. 의주성은 국경을 지키는 요새인 만큼 만만한 곳이 아니었다. 며칠 동안 전투 준비를 한 북진군은 의주성을 공격하러 나섰다. 북진군의 첫 전투였

의주 일대는 압록강을 끼고 있어서 고구려 때부터 군사 요충지였다. 조선 시대에는 중국과 국경을 맞댄 지역이라 더욱 중요하게 여겼다. 사진은 의주 읍성 남문이다.

다. 하지만 북진군 역시 잘 훈련된 관군의 상대가 되지 못했다. 의주성 조금 못 미친 곳에 있는 회군천에서 벌어진 관군과의 전투에서 북진군은 크게 패하고 말았다. 김사용은 부대를 이끌고 용천으로 내려와 용골산성으로 들어갔다.

곽산을 지키고 있던 이제초가 이끄는 북진군은 1월 8일, 관군의 공격을 받아 수백 명이 죽자 정주성으로 내려가 남진군에 합류하려 했다. 그러나 1월 10일, 곽산군 들판에서 벌어진 전투에서 이제초를 비롯해 수백 명이 죽자 뿔뿔이 흩어지고 말았다.

> 용골산성은 고구려 시대에 쌓은 산성이다. 전망이 좋아 백 리 밖에 있는 적의 움직임을 알 수 있었다고 한다. 교통 또한 편리하여 적을 물리치거나 성을 지키는 데 매우 유리하였다. 1627년 정묘호란 때 의병장 정봉수가 후금을 크게 물리치고 승리한 곳으로 유명하다.

용골산성을 지키던 김사용 부대는 1월 13일 밤, 관군의 대대적인 공격을 받았다. 봉기군은 군사를 나누어 동문과 북문을 지키고 있었는데, 한밤중에 관군이 숲에 불을 지르고 북과 꽹과리를 치며 몰려들었다. 북문을 지키던 김운용은 성을 포기하고 병사들과 함께 달아나 버렸다. 동문을 지키고 있던 김사용은 한 사람의 목숨이라도 구하기로 결심했다.

"군대를 해산한다! 어떻게든 살아남아 관군의 포위망을 뚫고 빠져 나가라! 병사들은 식량 창고에서 등에 질 수 있을 만큼 식량을 가지고 산성을 떠나라! 사방으로 흩어져 우리의 의로운 봉기 소식을 널리 전해야 한다!"

봉기군은 제각기 식량을 등에 지고 어둠 속으로 달아났다. 김사용은 몇몇 장수들과 함께 관군의 포위망을 뚫고 정주성으로 들어갔다. 이로서 북진군은 완전히 무너지고 말았다.

이제 남은 봉기군 병사는 정주성에 있는 2천여 명뿐이었다. 처음 봉기할 때는 광산 노동자, 상인, 관리 들이 많았다. 그러나 한 달 동안 전투를 치르면서 남은 사람들은 대부분 관군의 학살에 쫓겨 들어온 가산과 박천의 농민들이었다. 봉기군은 이제 농민군으로 불리었다.

한양에서 도착한 중앙군과 지방에서 급히 모집한 병사로 이루어진 관군 8천여 명은 농민군을 몰살시키려고 정주성을 겹겹이 에워쌌다. 농민군은 아무도 살아서 성 밖으로 나갈 수 없는 처지가 되었다.

성 안의 창고에는 벼 2천 5백 섬과 잡곡 1천여 섬이 있었고, 우물도 아홉 개나 되었다. 일반 백성들까지 수천 명이 두 달은 버틸 수 있었다. 홍경래와 지휘부는 한양의 박종일이 봉기를 일으키리라는 한 가닥 희망을 품은 채 결사항쟁에 들어갔다.

9 정주성의 비극

1812년 1월, 정주성에 몰아친 추위는 살을 에는 듯 혹독했다. 관군은 두 차례에 걸쳐 정주성을 공격했지만, 군사 200여 명만 잃고 말았다.

농민군의 숫자는 관군의 4분의 1에 지나지 않는 2천여 명이었지만, 백성들의 절대적인 지지가 나머지를 채워 주었다. 식량과 땔감이 충분한 농민군은 백성들에게 행패를 부리기는커녕 오히려 백성들을 돌보아 주었다. 백성들은 발벗고 나서서 농민군을 도와 주었다. 아낙네들은 농민군을 위해 밥하고 빨래하는 일에 너나없이 앞장섰다. 농민군과 백성들이 하나로 똘똘 뭉

4개월 동안 벌어진 평안도 농민 항쟁은 정주성의 함락과 홍경래의 죽음으로 끝이 났다. 1700년대 말에 그린 〈정주지도〉이다.

친 것은 홍경래를 비롯한 지휘부가 내린 명령이 엄한 덕도 있었다. 하지만 백성들이야말로 농민군의 가족이요, 이웃이었던 것이다.

한편 눈이 하얗게 깔린 들판에 진을 쳐 추위에 떠는 관군의 사기는 땅에 떨어져 있었다. 관군 중에서도 지위가 높은 자들은 주민을 내쫓고 온돌방에서 술잔치를 벌였다. 또 주민에게 빼앗은 식량과 옷감 따위를 잔뜩 쌓아 놓고 으스대기도 하였다. 하지만 일반 병사들은 감기에 걸리고 손발이 동상에 걸려 불만이 태산 같았다.

추위와 굶주림에 지친 관군들은 백성들에게 보복했다. 박천과 가산에서부터 정주성에 이르는 마을들은 매일 관군의 행패와 약탈에 시달려야 했다. 송림 전투 뒤 봉기군을 뒤쫓을 때처럼 사람을 마구 죽이거나 불을 지르지는 않았지만 식량과 돈을 뺏고 사람을 때리는 일이 수도 없이 일어났다.

관군의 횡포에 분노한 백성들은 더더욱 정주성의 농민군을 자기 편으로 생각했다. 백성들은 관군의 움직임을 살펴 농민군에게 일러 주기도 하고, 밤이 되면 몰래 쌀과 땔감을 챙겨 정주성에 갖다 주기도 하였다.

백성들의 도움에 힘을 얻은 농민군은 매일 밤을 꼬박 새며 성벽에 횃불을 밝히고, 총을 쏘거나 군악을 연주하며 힘을 과시했다. 관군이 밤중에 기습하는 것을 막고, 관군의 사기를 누르기 위해서였다.

　관군이 패배를 거듭하자 조정에서는 1월 16일, 평안 병사 이해우를 비롯한 지휘부를 교체한 후 대대적인 공격을 하도록 명령했다.

　관군은 지휘관이 바뀐 다음에 벌어진 19일 전투에서도 여지없이 패하자, 특별히 제작한 새로운 무기를 쓰기로 하였다. 윤제라 불리는 무기였다.

　윤제는 성을 내려다볼 수 있

홍경래가 이끄는 평안도 농민 봉기를 진압하고자 조정에서 파견한 순무영군이 정주성의 농민군과 대치하고 있다. 순무영은 전쟁이나 반란이 일어났을 때 군무를 맡아 보기 위해 임시로 설치한 군영이다. 순무영군이 농민군의 공격에 대비하여 부대별로 목책 안에 들어가 있는 모습을 그린 〈순무영진도〉이다.

을 만큼 나무로 높이 만든 탑 같은 것이었다. 윗부분의 앞과 좌우는 널빤지로 막고 속에 철갑을 댔다. 그 속에는 총격수 대여섯 명이 들어가 총을 쏠 수 있도록 구멍을 내었다. 아랫부분은 안에 철갑을 대고 밖에 물 먹인 소가죽을 둘러 화공에 대비했다. 또한 바퀴를 양쪽에 네 개씩 달아 밀 수 있게 했다.

2월 3일, 관군은 윤제를 앞세우고 총공격을 퍼부었다. 윤제를 처음 본 농민군들은 겁을 먹었다.

"겁먹지 마라! 사격 명령이 떨어질 때까지 기다려라!"

홍총각과 김사용은 이리저리 뛰어다니며 병사들의 두려움을 없애려 애썼다. 윤제와 함께 관군 수천 명이 조총의 사격 거리 안에 들어왔다. 사격 명령이 떨어졌다.

"제1진 사격!"

나팔 소리와 함께 농민군은 일제히 조총과 활을 쏘았다.

"제2진 앞으로! 1진은 뒤로 몸을 숨겨라!"

2진이 총과 활을 쏘는 사이, 1진은 뒤에서 총알을 넣고 화살을 메겼다. 겁먹은 관군은 타다 남은 벽이나 나무 뒤에 숨어 나오지 않았다.

"물러나지 마라! 반역도들을 쳐라!"

관군 지휘관들은 계속 소리치며 진군 나팔을 불었으나 군사들은 열심히 싸우려 들지 않았다. 하루 종일 전투가 벌어졌다. 관군은 30여 명이 죽거나 다쳤고, 농민군은 거의 피해를 입지 않았다. 애써 만든 관군의 운제는 두 대가 성 밑까지 가는 데 성공했으나, 바퀴가 빠지고 바퀴축이 부러지는 바람에 한 대는 불

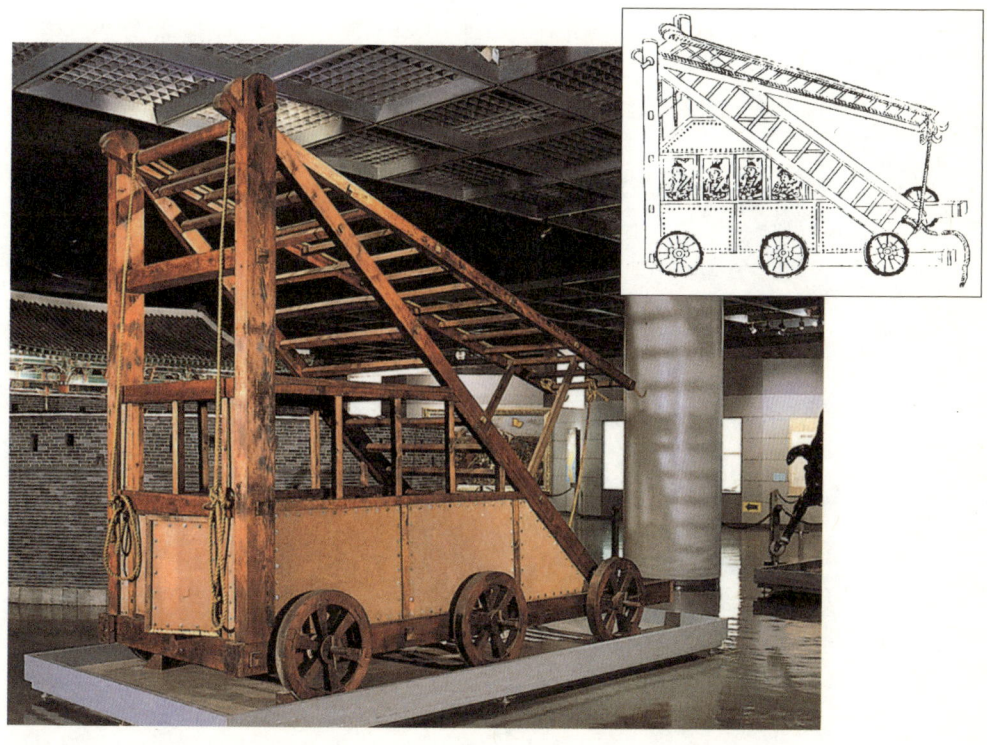

사진은 운제 모형이다. 운제는 성을 공격할 때 사용하던 접이식 사다리차이다. 밑부분에 칸막이가 있어 병사들이 들어가 운제를 움직이고, 윗부분은 두 단계의 사다리로 되어 있어 성벽에 걸쳐 놓고 군사들이 오르내리면서 싸울 수 있도록 하였다. 정주성 싸움에 관군이 사용한 운제는 위의 운제를 변형하여 새롭게 만든 것으로 짐작된다.

탔고 간신히 한 대만 가지고 후퇴했다.

윤제까지 동원한 관군을 물리쳐 사기가 오른 농민군은 다음 날 아침 수백 명이 성문을 열고 나왔다. 말을 탄 홍총각이 앞장서서 소리쳤다.

"겁쟁이 오합지졸들아! 어서 나와 정의의 칼을 받아라! 누가 이기나 오늘 결판을 내 보자!"

말 탄 장수들이 기세 좋게 버티고 있는 사이, 농민군은 관군이 몸을 숨기지 못하도록 불탄 집의 벽들을 허물었다. 관군이 일제히 총을 쏘자, 농민군은 잠시 성 안으로 물러났다. 그러고는 다시 오후에 수백 명이 몰려 나와 관군 진영을 흩어 놓고 들어갔다.

관군은 홍경래의 사촌형을 성 안으로 들여보내 홍경래를 암살하려 했으나 이마저 실패하였다. 초조해진 조정은 한 달 만에 또다시 지휘부를 바꾸었다. 새 지휘부는 사격술이 뛰어난 사냥꾼들을 모으기 시작했다. 강계, 영변 등 평안도 지방은 물론 한양을 비롯한 남쪽 지방에서도 사냥꾼들을 데려왔다. 윤제도 새로 만들었다. 그러나 2월 25일에 벌어진 대대적인 전투에서도 농민군은 큰 승리를 거두었다.

정주성의 대치 상황은 어느덧 석 달째로 접어들었고, 봉기가 일어난 지는 넉 달이 되었다. 조정과 관군의 초조함은 하루가 다르게 커져 갔다.

그러나 이런 장기전은 농민군 측에도 결코 유리하지 않았다. 농민군은 바깥의 관군보다 더 무서운 내부의 적과 싸워야 했다. 다름 아닌 바로 식량이었다.

그 많던 쌀과 잡곡도 수천 명이 먹어 대니 두 달 만에 바닥이 드러났다. 농민군은 하루에 한 되씩 나눠 주던 쌀을 3월이 되면서 절반으로 줄였으나 식량이 떨어지는 것은 시간 문제였다.

유일하게 남은 희망은 한양의 박종일이었다. 박종일과 김재찬이 한양에서 무장 봉기를 일으켜 왕궁을 점령해 버리면 더 이상 싸울 필요가 없었다. 실제로 박종일 등은 홍경래와 한 약속을 잊지 않고 무장 봉기를 준비하고 있었다. 홍경래가 정주성을 지키며 나가지 않은 것도 박종일에 대한 기대 때문이었다.

그런데 이 때 비극적인 소식이 전해졌다. 박종일과 김재찬이 봉기를 일으키려다 발각되어 죽음을 맞았다는 소식이었다. 홍경래는 크게 실망했다. 이제 성을 지키는 것은 의미가 없었다. 죽음을 각오하고 밖으로 나갈 수밖에 없었다.

홍경래의 명령에 따라, 농민군은 과감하게 성문을 열고 밖으로 나가 관군을 공격하기 시작했다.

3월 8일 새벽 네 시, 우군칙과 홍총각이 정예 부대 500여 명을 이끌고 조용히 서북문을 빠져 나왔다. 농민군은 관군 진영 곳곳에 숨어 들어 신호에 따라 일제히 불을 질렀다. 관군 진영을 둘러싸고 있던 목책과 천막들이 타오르면서 거대한 불길이 일었다. 농민군은 불길 속에 뛰어들어 닥치는 대로 관군을 쳐부쉈다. 날이 밝기까지 관군 70명이 죽고, 137명이 부상당했다. 어둠 속에서 싸우다 보니, 농민군도 46명이 죽었다.

3월 20일에는 관군 최고 지휘관 중 한 명인 허항을 죽이는 전과를 올렸다. 이어 3월 22일 새벽, 홍총각은 농민군 250여 명을 이끌고 조용히 성을 빠져 나와 관군 진영에 화약을 던지며 공격했다. 그러나 이번에는 미리 대기하고 있던 관군에게 역습을 당하고 말았다. 관군은 17명이 죽고 23명이 부상당한 데 비해 농민군은 69명이 죽고 87명이 사로잡혔다. 관군은 사로잡은 농민군을 곧바로 목을 쳐 죽였기 때문에 실제로는 156명이 죽은 셈이었다. 정주성을 점령한 이후 농민군은 가장 큰 피해를 입었다. 이 날 성 안에서는 자식이나 남편을 잃은 이들의 통곡 소리

정주성 북쪽 성벽이다. 정주성은 높은 산등성이를 이용하여 흙과 돌로 쌓았는데 아주 튼튼했다. 북문이 있는 북쪽은 험준한 산봉우리와 잇닿았고, 동쪽과 서쪽은 산줄기가 뻗어 있었으며, 남문만 평지로 되어 있는 요새였다. 현재는 성곽만 일부 남아 있다.

가 온종일 계속되었다.

　이튿날 홍경래는 우군칙과 함께 성 안을 순찰했다. 홍경래의 눈에 한 광경이 들어왔다. 여자와 어린애 수십 명이 넋 놓고 앉아 울고 있었다. 아무리 헤메고 다녀도 뜯어 먹을 나물조차 없어, 모두들 지치고 슬픈 나머지 마냥 앉아서 눈물만 흘리고 있었던 것이다.

　홍경래는 질끈 눈을 감았다. 3월 17일부터는 쌀이 완전히 떨어져 소, 돼지, 닭을 잡아먹었고, 심지어 개와 말까지 잡아먹었다. 총알을 만들 쇠가 없어 무쇠 솥을 녹였고, 햇불을 만들 나무가 없어 집을 부숴 나무를 얻는 지경이 되었다.

홍경래는 마음이 갈기갈기 찢어졌다. 백성들의 아픔을 덜어 주려고 시작한 일인데, 아무것도 이루지 못한 채 오히려 백성들을 고통에 빠트렸다. 관군과의 전투로 죽은 농민군이 최소한 2천여 명이었다. 게다가 관군의 무자비한 학살로 죽어 간 죄 없는 백성들은 또 얼마나 되는지 헤아릴 수도 없었다.

너무 많은 목숨을 잃었다. 더는 백성들을 죽음으로 몰아갈 수 없었다. 이대로 계속 관군과 싸우는 것은 의미가 없었다. 죄 없

는 백성들의 목숨부터 구해야 했다. 홍경래는 고심 끝에 자기와 뜻을 같이하는 농민군을 최소한으로 꾸려, 죽음을 불사하고 끝까지 항전하기로 결심했다.

그 날 오후, 홍경래는 63명을 성 밖으로 내보냈다. 농민군에 가담하지 않은 남자 몇 명과 여자와 어린애들이었다. 환한 대낮에 손을 들고 나가서인지, 관군은 백성들을 바로 죽이지 않았다. 성을 나간 사람들이 처형되지 않았음을 확인한 홍경래는 사흘 후인 3월 26일, 다시 156명을 내보냈다.

몇 차례 백성들을 내보냈지만 성 안에는 아직도 2천여 농민군을 포함해 3천 명이 넘는 사람들이 굶주리고 있었다. 성 밖의 농민들이 밤중에 몰래 식량을 가져다 주기는 했으나 수천 명이 먹기에는 턱도 없었다. 농민군은 물로 배를 채우다시피 했다.

관군은 기회를 놓치지 않고 대대적인 공격을 준비했다. 성을 함락시킬 묘안을 짜던 관군은 토굴 작전을 쓰기로 하였다. 지난번 윤제 작전이 실패한 뒤, 관군은 기름을 가득 실은 수레를 몰고 가 성문을 불태우려 한 적이 있었다. 그런데 농민군이 중간에 긴 구덩이를 파 놓는 바람에 실패하고 말았다. 관군은 농민군이 파 놓은 구덩이를 보고 새로운 작전을 생각해 냈다. 관군 진영에서부터 성문 밑까지 굴을 파고 들어가, 성문 밑에서 화약을 폭파시켜 성문을 무너뜨리는 작전이었다.

관군은 4월 3일부터 굴을 파기 시작하였다. 관군 진영에서 성문까지는 140미터 정도였다. 관군은 진영에서 10미터쯤 앞에 흙더미를 쌓아 성에서 보이지 않게 한 후, 깊이와 넓이가 1미터 정도 되는 긴 구덩이를 파고 그 위에 나무를 덮어 가렸다. 그런 다음 다시 10미터 앞에 흙더미를 쌓아 가려 놓고 구덩이를 파는 식으로 성문 50미터 앞까지 파들어갔다. 이 때부터는 광산 노동자들의 기술을 이용해 땅 밑으로 줄곧 굴을 파들어갔다.

관군은 몰래 굴을 파면서 날마다 성을 공격했다. 성벽으로 오르는 언덕을 만들겠다며 흙을 져 나르기도 하고, 바퀴가 달린 커다란 방패를 앞세워 공격하기도 했다. 또 기름 솥을 끌고 와 성문에 붓기도 하고, 몇 번이나 실패한 윤제를 다시 끌고 오기도 했다. 모두 토굴을 파고 있다는 것을 숨기기 위해서였다.

4월 18일, 마침내 정주성 북문 밑까지 파들어갔다. 토굴을 파기 시작한 지 16일 만이었다. 관군은 토굴의 끝을 넓고 깊게 판 후 밑에 장작을 쌓고 위에 1천킬로그램이 넘는 화약을 겹겹이 쌓았다. 그리고 관군 진영까지 심지를 길게 뽑았다.

이튿날인 1812년 4월 19일 새벽, 심지에 불을 붙였다. 140미터가 넘는 심지는 천천히 한 시간이나 타 들어갔다. 그리고 해가 막 떠오를 무렵, 1천킬로그램이 넘는 화약이 엄청난 폭음을 내며 폭발하기 시작했다.

"쿵! 쿠쿵!"

10분이나 계속된 엄청난 폭음과 함께 성문과 성벽이 맥없이 무너져 내렸다. 성 안이 훤히 들여다보였다. 성문 위에 있던 농민군 수십 명이 돌무더기에 깔려 죽었다.

"돌격하라! 반란 역도들을 한 놈도 남김없이 없애라!"

지휘관의 고함 소리와 함께 총칼을 든 관군들이 뻥 뚫린 성벽 사이로 밀려 들어오기 시작했다. 어스름한 새벽, 성 안은 요란한 조총 소리와 칼 부딪는 소리, 농민군의 비명과 고함으로 아수라장이 되었다.

"물러나지 마라! 겁먹지 마라!"

농민군 장수들은 이리 뛰고 저리 뛰며 고함을 쳤으나 아무 소용이 없었다. 성 안에 밀려든 관군은 남녀노소 할 것 없이 눈에 띄는 대로 죽이기 시작했다. 끝까지 저항하는 농민군은 물론이고, 거동을 못 하는 노인과 젖을 물린 부녀자까지 마구 찔러 죽였다. 정주성은 백성들의 시신으로 덮여 갔다.

농민군 지휘부는 밀려드는 관군에 맞서 죽을 힘을 다해 싸웠다. 우군칙이 관군을 막으며 안간힘을 다해 외쳤다.

"대원수! 어서 피하시오!"

홍경래는 이미 다리에 화살을 맞아 피를 많이 흘린 상태였다. 홍경래는 쩔뚝거리며 관군 하나를 칼로 쳐 쓰러뜨리며 외쳤다.

"아니오! 나는 이미 늦었소. 우리 병사가 다 죽는데 나 혼자 살아 달아나면 무엇 하겠소! 여러 장수들이나 어서 피하시오."

그 순간, 총탄 한 알이 갑옷을 뚫고 홍경래의 가슴에 박혔다. 잇달아 날아온 총탄도 가슴에 박혔다. 홍경래가 피를 흘리며 쓰러지자 관군 속에서 함성이 터져 나왔다.

"와! 홍경래가 쓰러졌다!"

관군들이 벌 떼처럼 몰려오기 시작했다. 홍총각, 김이대 등 농민군 장수들이 쓰러진 홍경래를 에워쌌다. 홍총각은 우군칙과 이희저에게 소리쳤다.

"우리가 지킬 테니 두 분은 어서 피하시오."

숨이 꺼져 가고 있던 홍경래는 마지막 힘을 모아 말했다.

"어떻게든 살아남아서 우리가 어찌 싸웠는지 알리시오. 어떻게든 다시 일어나 이 썩은 왕조를 무너뜨리시오!"

가슴이 피로 흠뻑 젖은 홍경래는 더는 말을 잇지 못하고 숨을 거두었다. 1812년 4월 19일, 홍경래의 나이 마흔한 살, 봉기를 일으킨 지 꼭 넉 달 만이었다.

"대원수님!"

홍경래의 숨이 끊어진 것을 확인한 홍총각은 싸움을 포기한 채 시신 앞에 무릎을 꿇고 눈물을 터뜨렸다. 마지막까지 싸우던 김이대, 윤언섭, 양시위도 무릎을 꿇고 통곡했다. 몰려온 관군이 이들을 덮쳤다. 그 사이 우군칙과 이희저는 새벽어둠을 뚫고 달아났다.

관군은 이 날 3천여 명을 사로잡아 어린이와 여자를 뺀 남자 2천여 명을 4월 23일 처형했다. 정주성 밖 들판에는 시신을 태우는 연기가 며칠 내내 피어올랐다.

관군에 붙잡힌 홍총각 등 지도부는 한양으로 끌려가 모진 고문과 매질을 당한 끝에 모두 처형되었다. 달아났던 우군칙과 이희저도 다시 봉기를 일으키려다 발각되어, 엄중한 조사를 받은 후 처형당했다. 두 사람의 죽음을 끝으로, 홍경래가 이끈 평안도 농민 항쟁은 완전히 끝이 났다.

10
죽어도 죽지 않은 홍경래

"정주성이 무너질 때 홍경래는 몸을 날려 성을 넘어 먼 곳으로 달아났다. 그 날 죽은 사람은 가짜 홍경래이다."

"죽은 홍경래의 목은 홍경래를 닮은 사람의 목이다. 농민군 중에 홍경래와 닮은 장정이 없어 관군 중에서 닮은 장정을 골라 목을 베었다."

"홍경래를 본 사람이 있다."

"홍경래가 중이 되어서 도성에서 가까운 산으로 들어갔는데, 머지 않아 도성을 칠 것이다."

1812년 4월 19일, 정주성이 무너지면서 홍경래가 일으킨 무

평안도 농민 항쟁은 이후 조선 후기 민중 봉기의 씨앗이 되었고, 1894년 동학 농민 운동으로 이어졌다. 장성 황룡 전적지의 기념탑에 새긴 동학 농민군의 전투 장면이다.

장 항쟁은 끝이 났다. 홍경래는 정주성에서 총탄에 맞아 죽었다. 그런데도 홍경래가 살아 있다는 소문이 꼬리에 꼬리를 물고 퍼져 나갔다. 또한 스스로 홍경래라 칭하는 무리들이 전국에서 봉기를 일으키려다 잇달아 적발되었다.

분명 홍경래가 이끈 평안도 농민 항쟁은 실패했다. 하지만 예전 같으면 한 자리에 앉을 수도 없던 농민, 상인, 노동자, 양반 지식인, 관리 등이 한 마음으로 똘똘 뭉쳐, 새로운 나라를 세우려 뜻을 모았다. 이 점이 이전의 농민 봉기나 정치적 반란과 다른 점이었다.

홍경래가 이끈 평안도 농민 항쟁이 이전의 봉기들보다 한 걸음 나아갔다고는 하나, 분명 한계도 있었다. 무엇보다 자신들이 세우려는 나라가 어떤 모습인지 정확히 그리지 못하였다. 새 나라 건설이라는 정치적 목표는 있었으나, 목표를 뒷받침하는 사상적 기반이 약했던 것이다.

또 홍경래와 동지들은 《정감록》에 나오는 대로 탐관오리들을 내쫓고 어질고 현명한 새 왕을 세우려 했을 뿐, 신분 차별을 완전히 없애는 데까지는 나아가지 못하였다.

군사적 한계는 더욱 컸다. 제대로 훈련된 병사가 수백 명에 불과한 봉기군이 600리나 떨어진 한양까지 진격해 왕조를 무너뜨린다는 것은 애초에 힘든 일이었다. 그나마 전력을 다해 곧장 한양으로 밀고 내려갔다면 승산이 있었을지도 모른다.

하지만 남북으로 군대를 나누어 진격하였고, 한양으로 가는 주요 길목인 안주를 놔 두고 영변을 먼저 치기로 함으로써 분란이 일어 4일이나 지체하였다. 또 지리적으로 매우 불리한 송림 전투에서 잘 훈련된 관군을 상대로 정면 승부를 벌여, 크게 패했다는 점도 군사적인 한계라고 볼 수 있다. 만약 농민 봉기군이 관군과의 정면 승부 대신 소규모 기습전을 벌였다면, 훨씬 오랫동안 싸울 수 있었을지도 모른다.

그러나 여러 가지 요인으로 봉기는 실패했지만 백성들은 홍경래가 살아 있다고 생각했다. 아니 살아 있다고 믿고 싶어했다. 세도 정치가 판을 치던 어둠의 시대에 홍경래는 백성들이 열망하는 새로운 세상에 대한 꿈과 희망이 되어 주었다. 백성들은 제2, 제3의 홍경래가 나타나 자신들을 구원해 주리라 기대하였다.

홍경래가 이끈 평안도 농민 항쟁은 조선 말 대대적으로 일어난 농민 봉기의 신호탄이 되었다. 홍경래가 이끈 평안도 농민

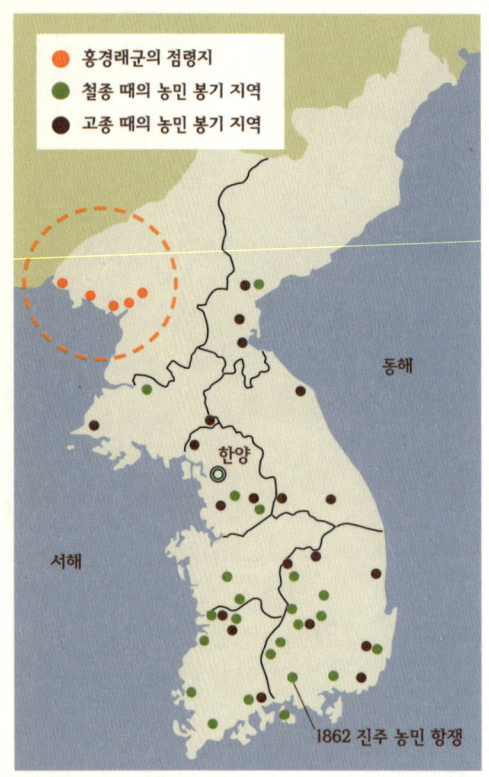

1800년대에는 전국적으로 농민 봉기가 활발하게 일어났다. 세도 정치로 인한 정치적 사회적 부패와 삼정 문란에 따른 농민 생활의 파탄이 중요한 요인이었다.

항쟁 이후 농민들은 자신들도 힘을 모으면 할 수 있다는 생각을 품게 되었다. 이제 농민들은 세금을 내지 않는 작은 저항부터 힘을 모아 무장 봉기를 일으키는 큰 항쟁까지 적극적으로 자신들의 뜻을 펼쳐 나갔다. 조선이 멸망할 때까지 전국 각지에서 크고 작은 농민 항쟁이 꼬리에 꼬리를 물고 이어졌다. 5년 후인 1817년 이인하 등의 반란을 시작으로 1862년 진주 농민 항쟁까지 큰 봉기만 70건이 넘었다.

그 중에서도 1871년 경상도 영해에서 농민 봉기를 일으킨 이필제와 1894년 동학 농민 운동을 이끈 전봉준은 홍경래의 사상을 한층 발전시켰다.

전봉준은 하늘 아래 모든 백성은 평등하다고 주장하며, 봉기 목적 중 하나로 신분제 폐지를 내세웠다. 왕도 백성들 사이에서 돌아가며 뽑고, 백성들이 뽑은 대표가 나라를 이끌어 가게 하자는 획기적인 정책안도 내놓았다. 또 농사짓는 모든 땅을 백성들에게 골고루 나누어 주어야 한다고 주장하였다.

홍경래가 이끈 평안도 농민 항쟁은 시대의 벽을 넘지 못하고 실패했다. 하지만 조선 후기 부패하고 무능한 지배층에 맞서 농민들이 힘을 모아 항쟁할 수 있도록 그 물꼬를 터 주었다. 홍경래 또한 몰락한 양반 신분으로 여러 계층을 한데 아우르고, 그들의 힘을 모아 농민 항쟁을 이끈 새로운 지도자이자 혁명가로 우리 역사의 한 장을 차지하였다.

연표

홍경래의 생애

1771
평안도 용강에서 태어나다.

1785
외숙 유학권을 스승으로 삼아 과거 공부를 하다.

1770

1765
와트가 증기 기관을 개량하다.

1776
정조가 왕위에 오르다.
미국이 영국으로부터 독립을 선언하다.

1786
모차르트가 〈피가로의 결혼〉을 작곡하다.

세계의 사건

1795
김씨 네 딸 김소사와 결혼하다.

1798
과거에 응시하였으나 낙방하다.

1793
유학권에게 쫓겨나 용강으로 돌아오다.

1795

1789
프랑스 대혁명이 일어나다.

1796
수원 화성이 완공되다.

홍경래의 생애

1800
정조의 죽음을 계기로
봉기의 뜻을 세우다.

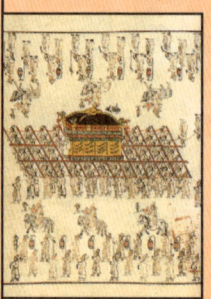

1811
12월 18일, 평안도
다복동에서 봉기를
일으키다.

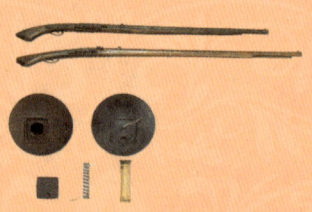

1800

1799
나폴레옹이 쿠데타를
일으켜 프랑스
정부를 장악하다.

1809
100년 만의 가뭄이
조선 전역을 휩쓸다.

세계의 사건

1812
4월 19일, 정주성이 함락하면서 관군의 총에 맞아 세상을 뜨다.

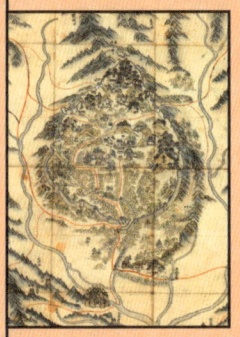

1811
12월 28일, 봉기를 일으킨 지 10여 일 만에 청천강 이북을 점령하다.
12월 29일, 박천 송림 전투에서 패하다.

1820

1825
스티븐슨이 기차로 승객과 화물을 수송하다.

1818
산 마르틴이 스페인 군을 격파하고 칠레 독립을 이루다.

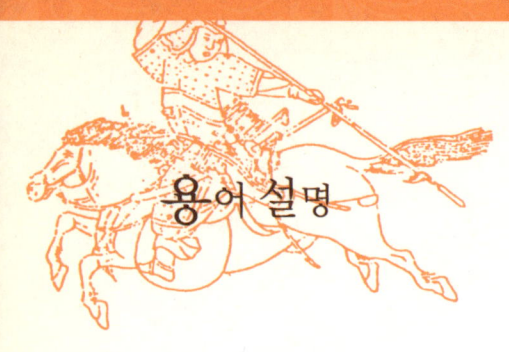

용어 설명

감사 조선 시대 각 도의 으뜸 벼슬. 종2품 벼슬로, 다스리는 지역에서 경찰권, 사법권, 징세권을 행사할 수 있는 권한이 있다. 관찰사, 도백, 방백 등 여러 별칭이 있다. 요즘으로 치면 도지사, 광역시장에 해당한다.

감영 관찰사가 업무를 보던 관청. 요즘으로 치면 도청, 광역시청에 해당한다.

개성 상인 개성을 근거지로 삼아 상업 활동을 하던 상인. 송도 상인, 송상이라고도 한다. 협동 정신이 강하고 부지런하며, 신용을 잘 지켰다. 시세를 살피고 이익을 남기는 데 능력이 매우 뛰어났다.

곤장 조선 시대 죄인의 볼기를 때리던 형벌 기구 중 하나. 나무로 넓적하고 길게 만들었으며, 크기에 따라 소곤, 중곤, 대곤, 중곤, 치도곤 다섯 가지가 있다.

기자 조선 중국의 은나라가 망한 후 기자가 고조선에 와서 단군 조선에 이어 건국하였다고 전하는 나라. 현재 학계에서는 기자 조선의 실재를 부정하고 있다.

노론 조선 시대에 서인에서 갈라진 당파. 1683년(숙종 9) 남인을 크게 탄압할 것을 주장했다. 송시열, 김익훈 등 나이 많은 서인을 중심으로 뭉쳐 노론이라는 이름이 붙었다.

노비 우리 나라의 전통 신분제에서 가장 낮은 계층. 보통 종이라고 불렀다. 노는 사내종, 비는 계집종을 뜻한다. 노비는 대물림되었으며, 부모 한쪽이 노비이면 자식은 노비가 되었다. 물건처럼 사고 팔 수도 있었고, 자손에게 물려줄 수도 있었다.

단군 우리 민족의 시조로 받드는 태초의 임금. 단군 신화에 따르면, 환웅과 웅녀 사이에서 태어나 기원전 2333년 아사달에 도읍을 정하고 고조선을 세워, 약 2천 년 동안 나라를 다스렸다고 한다.

도성 한 나라의 도읍을 둘러싼 성곽. 조선 시대의 도성은 풍수지리상 서울의 내사산이 되는 북악산, 인왕산, 남산, 낙산을 연결하여 쌓았다. 도성 성벽의 동서남북에 4대문을 두었고, 중간 중간에 4소문을 두었다.

동학 농민 운동 1894년 동학 농민군이 벌인 반봉건, 반외세 운동. 동학 농민 전쟁 또는 1894년 농민 전쟁이라고도 한다. 삼정 문란으로 지방관들의 수탈이 심한 데다 1876년 나라의 문을 연 이후 일본이 경제까지 침략하여 농민들의 생활은 갈수록 어려워졌다. 1860년 최제우가 창시한 동학은 신분 질서를 부정하고 사회 개혁을 지향하여 농민들 사이에 빠르게 퍼졌다. 이런 흐름을 타고 일어난 것이 조선 후기 농민 항쟁의 절정을 이룬 동학 농민 운동이다. 농민군은 지역 차별 없는 인재 등용, 토지의 균등 분배, 과부의 재혼 허가, 천민의 대우 개선 등 근대적인 개혁을 실시할 것을 요구하였다. 전라도 지역을 손에 넣고 서울로 진격하던 동학 농민군은 공주 우금치 전투에서 일본군과 정부군에게 크게 패하고, 전봉준 등 지도자들이 체포되면서 끝이 났다.

멍석말이 옛날 권세가에서 백성들에게 행한 사사로운 형벌. 한 집안이나 동네에서 못된 짓을 저지르거나 난폭한 행동을 하고도 뉘우칠 줄 모르는 자가 있으면, 문중이나 동네 회의를 거친 뒤 어른 앞에서 행하였다. 멍석으로 말거나 뒤집어씌워 놓고, 온 집안 사람이나 동네 사람들이 뭇매질을 하여 버릇을 고쳐 주는 습속이다.

몽골 족 몽골 고원에서 유목 생활을 하던 민족. 몽골 족은 거란, 여진에 복속되어 있다가 1206년, 테무친이 몽골의 여러 부족을 통일하고 몽골 제국을 세웠다. 테무친은 칭기즈칸이라는 칭호를 받고 즉위하였다.

《무예도보통지》 조선 후기의 무예 훈련 교범. 조선 시대 정조 때 왕명에 따라 무예 항목 스물네 가지를 그림으로 풀어 설명한 책이다. 각 항목마다 병기와 개별 동작 및 전체 움직임에 대해 매우 사실적인 그림과 해설을 붙였다.

박문수 조선 후기의 문신. 당파를 가리지 않고 인재를 등용할 것을 주장하였으며, 군포의 폐단을 없애고 군포를 적절히 낮추어 줄 것을 건의했다. 부정한 관리를 밝혀 내는 암행어사로 이름이 높았고, 암행어사 시절 일화가 많이 전해 온다.

박종경 조선 후기의 정치가. 순조의 외숙으로 1800년 어린 순조가 즉위하고 정순 왕후가 수렴청정을 하자, 지극한 총애를 입었다. 이듬해 홍문관 부수찬에 오른 이후 호조판서까지 지냈다. 1811년 평안도 농민 항쟁이 일어나자 훈련대장으로 관군을 통솔하였다.

박종일 조선 후기의 관료. 암행어사로 유명한 박문수의 아들이다. 1811년 홍경래가 봉기를 일으켰을 당시 사옹원 봉사로 있으면서 이진채와 함께 사조직을 만들어, 강화도에 유배 중인 은언군 인의 아들을 왕으로 삼으려고 했다. 이듬해 3월 체포되어 역모죄로 참형되었다.

병사 조선 시대 각 도의 육군을 지휘하는 책임을 맡은 종2품 무관직. 흔히 병마절도사를 줄여 병사라고 불렀다. 병사는 각 도의 치안도 책임져야 했다.

병자호란 1636년(인조 14) 12월부터 1637년 1월까지 청나라가 조선을 침략하여 일어난 전쟁. 청나라에서 군신 관계와 함께 무리한 공물을 요구하자 조선은 이를 받아들이지 않았다. 이에 청나라 태종은 20만 대군을 거느리고 조선을 침략하였다. 미처 전쟁 준비를 하지 못한 인조는 결국 패하여 삼전도에서 항복하고 말았다. 그리고 조선은 청나라에 대하여 신하의 예를 행하기로 하는 등 굴욕적인 화약을 맺었다.

서당 사설 한문 교육 기관. 학당, 사숙, 학방이라고도 한다.

서북 황해도, 평안도, 함경도 지방을 통틀어 이르는 말.

서얼 첩에게서 난 자손. 재산 상속과 가족 내 대우, 관직 등용 등에서 여러 가지 법적인 차별을 받았다.

성균관 조선 시대에 인재를 기르기 위해 서울에 설치한 국립 교육 기관. 요즘으로 치면 국립 대학에 해당한다.

순무영 조선 시대에 임시로 설치한 순무사의 군영. 지방에서 민란과 같은 변란이나 재난이 일어나면 왕명으로 순무사가 임명되고, 이에 따라 순무영이 설치되었다.

순조 조선의 제23대 왕(재위 1800~1834). 11세의 어린 나이로 왕위에 올라, 재위 기간 동안 안동 김씨 세도 정권에 휘둘리면서 나랏일을 주도하지 못했다. 그래서 순조가 왕위에 있는 동안 정치 기강이 문란해지고 탐관오리의 수탈이 심하여 1811년 평안도 농민 항쟁을 비롯한 크고 작은 농민 봉기가 일어났다.

실록 역대 제왕의 통치 기간에 있었던 중요 사건을 정리한 편년체 기록.

암행어사 조선 시대에 왕의 특명을 받아 비밀리에 지방을 돌아다니면서 지방관의 비리를 조사하고, 백성의 어려움을 덜어 주는 일을 하던 임시 벼슬.

양인 근대 이전 국민의 대부분을 차지한 일반 백성. 조선 시대에는 신분을 크게 양인과 천인으로 나누었다. 양인은 과거 응시 자격 등의 권리를 누리는 대신 군역, 세금 부담의 의무를 졌다. 양반과 중인, 상민이 양인을 이루었으나, 점차 양반이 온갖 특권을 누리는 신분이 되면서 양인은 일반 백성을 뜻하게 되었다.

여진족 10세기 이후 만주 동북쪽에 살던 퉁구스계의 민족. 수렵과 목축을 주로 하였는데, 한나라 때에는 읍루, 후위 때에는 물길, 수나라와 당나라 때에는 말갈이라 하였다. 발해가 망한 후에 거란족이 세운 요나라에 속하였다가 1115년에 아골타가 부족을 통일하고 금나라를 세웠다. 1616년에는 누루하치가 후금을 세웠는데, 뒤에 청나라로 발전하여 중국을 통일하였다.

영조 조선 제21대 왕(재위 1724~1776). 조선 후기 탕평책을 써 당쟁을 없애는 데 힘쓰고, 균역법을 실시하여 백성들의 부담을 줄였다. 한편 사회 변화에 대응하여 모순된 제도를 고치고, 문화를 진흥하고자 노력하였다. 영조는 조선 왕조의 역대 왕 중 가장 긴 52년 동안 재위했으며, 83세에 죽었다.

오합지졸 까마귀 떼처럼 아무런 통제가 없는 무리를 비유하는 말.

이방 조선 시대에는 승정원 외에 지방의 주, 부, 군, 현 등의 각 관청에도 육방이 있었다. 그 중 이방은 지방 관아에서 인사와 관련된 실무를 담당한 책임 향리였다. 지방 행정은 수령의 책임 아래 있었으나, 수령은 실무에 어두웠기 때문에 이방의 농간이 심하였다.

이필제 몰락한 양반 출신으로 1871년(고종 8) 영해에서 봉기를 일으킨 주모자. 이필제는 1863년(철종 14) 동학에 들어간 후 자신과 같은 처지의 사람들을 끌어모아 봉기를 도모하였다. 1869년부터 봉기를 준비하였으나 번번이 실패하고 말았다. 그러다가 1871년 3월 10일 동학교도 500여 명을 이끌고 영해에서 봉기하여 관아를 점령하는 데 성공하였으나 주민의 호응이 없어 결국 관군의 공격을 피해 도망갔다. 이어 다시 단양에서 봉기를 계획하였으나, 8월 2일 체포되어 12월 서울 서소문 밖에서 능지처참되었다.

임진왜란 1592년(선조 25)~1598년에 두 차례에 걸쳐 일본이 조선을 침략하여 일어난 전쟁. 1592년, 일본은 '명나라를 치러 가는데 길을 비켜 달라.'며 조선을 침략하였다. 아무런 준비 없이 전쟁을 맞은 조선은 20일 만에 한양을, 60일 만에 평양을 내주었다. 육지에서 패전을 거듭할 때 이순신이 이끄는 조선 수군은 해전에서 일본군을 크게 무찔렀다. 또 곳곳에서 의병이 일어나 점점 전세를 역전시켰다. 같은 해 명나라 지원군이 들어왔고, 조명 연합군은 평양을 되찾았다. 이듬해 권율이 이끈 행주산성 싸움에서 크게 패한 일본은 명나라와 강화 회담을 벌였다. 그러나 협상 조건이 맞지 않자 일본은 다시 침략하였고 조선에 크게 졌다. 남해안에 머물던 일본군은 도요토미 히데요시가 죽자 완전히 철수하였다. 7년에 걸친 임진왜란은 조선의 승리로 끝났지만, 조선, 일본, 명나라에 큰 영향을 끼쳤다.

전봉준 1894년 동학 농민 운동을 일으킨 농민 운동가. 1894년 고부 군수 조병갑의 수탈에 분노하여 농민들을 이끌고 관청을 습격하였고, 이어 백산에서 1만 명이 넘는 농민군을 모아 동학 농민 운동을 일으켰다. 황토현 전투와 황룡촌 전투에서 승리한 후 전주를 점령하고, 전라도 일대에 집강소를 두고 여러 가지 개혁 정책을 실시하였다. 일본군을 몰아내자는 기치 아래 농민군 10만여 명을 이끌고 우금치에서 일본군과 맞붙어 싸웠으나 크게 패하고 말았다. 12월 2일 순창에서 체포되어 서울로 압송되었으며, 1895년 3월 처형당했다.

정묘호란 1627년(인조 5) 후금이 인조반정의 부당성을 내세우며 조선을 침입하여 일어난 전쟁. 인조는 강화도로 피난하였다가 강화 조약을 맺고 두 나라는 형제의 나라가 되었다.

정조 조선의 제22대 왕(재위 1777~1800). 영조의 뒤를 이어 정치와 문화를 발전시키는 데 온 힘을 기울였다. 왕실 도서관이자 개혁 정책의 중심 기구인 규장각을 두었고, 왕권을 강화하고 반대 세력을 군사력으로 누를 수 있게 친위 부대인 장용영을 두었다. 신해통공을 실시하여 시전 상인의 금난전권을 없애고 상업 활동을 장려하였다. 신도시 화성을 세우는 데도 힘을 기울여 수원성의 성곽을 완성하였다.

《주역》 중국의 유교 경전. 《역경》이라고도 한다. 만물을 음양으로 설명하며 그 으뜸을 태극이라 하였고 거기서 64괘를 만들었는데, 이에 맞추어 철학, 윤리, 정치상의 해석을 덧붙였다.

진나라 시황제가 전국 시대를 통일한 제국. 중국 최초의 통일 왕조이다.

진주 농민 항쟁 1862년(철종 13) 경상도 진주에서 일어난 농민 봉기. 삼정의 문란 등 국내 정치의 혼란과 병마절도사 백낙신의 가혹한 탄압을 견디지 못한 농민들이 일으켰다. 진주 농민 봉기를 시작으로 이 해에 전국의 약 70개 읍에서 대대적으로 봉기가 일어났다.

참요 시대적 상황이나 정치적 징후 따위를 암시하는 민요.

천민 신분제 사회에서 가장 낮은 계층. 천인이라고도 한다. 일반적으로 노비를 가리키지만 사회적으로 천시받았던 뱃사공, 재인, 백정, 광대, 창기, 악공 등도 천민에 속하였다.

청나라 여진족이 세운 중국의 왕조. 1616년 건주 여진의 추장인 누르하치가 여러 여진 부족을 통일하고 국호를 후금이라 하였다. 1636년 2대 태종은 국호를 청으로 바꾸었으며, 뒤를 이은 세조는 1644년에 명을 멸망시키고 중국을 통일하였다.

탐관오리 백성의 재물을 탐내어 빼앗는, 행실이 깨끗하지 못한 관리.

풍수지리 지형이나 방위를 인간의 길흉화복과 연결시켜, 죽은 사람을 묻거나 집을 짓는 데 알맞은 장소를 구하는 이론.

향리 고려와 조선 시대에 수령 아래에서 행정 실무를 맡아 보던 계층.

찾아보기

ㄱ

가산 7, 8, 60, 69, 74, 77, 84~85, 97~98, 103, 112, 121~122, 125, 128

감사 31~32, 42, 88

개성 상인 24, 74

곡산 87~89

곤장 29, 31, 66, 87

공명첩 24

과거 15, 18~19, 25, 39~41, 45~49, 51, 53~54, 56~57, 70, 111

곽산 78, 98, 105~106, 121, 123

군정 43, 72, 82

군포 27, 30~31, 43

기자 조선 10

김대린 107~108

김사용 8, 60~62, 66, 69, 74, 89, 98~99, 101~102, 105~106, 111~112, 122~124, 130

김익순 111

김조순 11, 70~71

김창시 10, 12, 60~62, 65~66, 69, 74, 89, 98~99

ㄴ

남진군 98~99, 103, 107~108, 111~112, 123

노론 22~23, 62

ㄷ

다복동 7~8, 10, 12~13, 77, 84~85, 89~92, 94~95, 97~99, 102, 108, 112, 117, 121~122

달집 15~16

동학 농민 운동 145, 148

ㅁ

《무예도보통지》 77, 79

민화 25

162

ㅂ

박종경 11, 70, 74

박종신 87~88

박종일 71, 86~87, 102, 110, 125, 133

박천 74, 84~85, 107, 112, 116, 121, 125, 128

병자호란 11, 21~22

북진군 60, 98~99, 105, 107~108, 111~112, 122~124

ㅅ

사색당파 22

서당 18~19, 31, 34, 57, 59

서원 19~20, 57

선천 102, 111, 121

성균관 22, 45, 51, 53~54, 57, 106

소론 22

송림 116, 118, 120~121, 128, 147

〈순무영진도〉 129

순조 23, 70~71, 80

신도 62, 77~79, 84~85, 92

실학 25

ㅇ

안주 13, 74, 79, 84~85, 96, 107~108, 110, 115, 121, 147

양반 15, 22, 24~25, 40, 42~43, 45, 48, 51~52, 56, 61, 66~68, 73, 103, 112, 146, 149

영변 96, 107~108, 110, 121, 132, 147

영조 22~23

용강 18, 21, 39, 49, 59, 77, 98

용골산성 123~124

용천 96, 121~123

우군칙 12, 60~62, 64, 66~67, 69, 73, 79~80, 83, 86, 89, 92, 98~99, 101, 120, 134~135, 141~143

운제 129, 131~132, 138~139

유학권 20~21, 27, 34~39

윤제 129, 132, 138~139

의주 24, 44, 68, 74, 85~86, 96~99, 101, 112, 121~123

이제초 78, 98~99, 106, 123

이필제 148

이희저 69, 73~74, 77, 79, 86, 92, 98~99, 142~143

임상옥 74, 76

임진왜란 11, 21~22, 63, 93, 111

ㅎ

향교 57, 106

홍봉의 78

홍패 25, 57

환곡 32, 42~43, 72

ㅈ

전봉준 148

전정 42, 72

《정감록》 63~65, 146

정조 7, 21, 23, 53~54, 59, 61~62

정주 74, 96~97, 106~108, 111, 120~125, 127~129, 131, 133~135, 139, 141, 143, 145~146

《주역》 59

진주 농민 항쟁 148

ㅊ

창의군 9, 103, 113, 118

철산 62, 68, 111, 121~122

촉대봉 84, 98~99